U0749554

每个人都是一本书。

从写作到出书

何 丹
周华诚 著

浙江工商大学出版社
ZHEJIANG GONGSHANG UNIVERSITY PRESS
·杭州·

图书在版编目（CIP）数据

从写作到出书 / 何丹,周华诚著. —杭州:浙江工商大学出版社,2023.8

ISBN 978-7-5178-5470-8

Ⅰ.①从… Ⅱ.①何… ②周… Ⅲ.①图书出版－出版工作－中国 Ⅳ.①G239.2

中国国家版本馆CIP数据核字(2023)第080565号

从写作到出书

CONG XIEZUO DAO CHU SHU

何丹　周华诚　著

出品人	郑英龙
策划编辑	沈　娴
责任编辑	孟令远
责任校对	夏湘娣
装帧设计	周伟伟
责任印制	包建辉
出版发行	浙江工商大学出版社
	（杭州市教工路198号　邮政编码310012）
	（E-mail:zjgsupress@163.com）
	（网址:http://www.zjgsupress.com）
	电话:0571-88904980,88831806(传真)
排　　版	杭州朝曦图文设计有限公司
印　　刷	浙江海虹彩色印务有限公司
开　　本	880mm×1230mm　1/32
印　　张	5.875
字　　数	100千
版 印 次	2023年8月第1版　2023年8月第1次印刷
书　　号	ISBN 978-7-5178-5470-8
定　　价	58.00元

版权所有　　侵权必究

如发现印装质量问题,影响阅读,请和营销与发行中心联系调换

联系电话 0571-88904970

写在前面——打开这本书的正确方式

这是一本对谈体例的书。

对谈的两个人，是两个爱书人。还有相同的一点是，两个人都有着二十年的写作与图书出版经验。有一天，他俩在一起喝茶聊天，想到不妨做一本关于写书与做书的小书吧。

常常有朋友来问，出书到底是怎么一回事，或者，你们为什么这么热爱跟书打交道。

那就聊聊吧。

找一个环境清幽的茶室，坐下来，就书的某一个方面打开话题。两个人与书的故事，各有千秋，一个偏重财经与管理方向，一个偏重人文与生活美学方向。这是一个美好的互补。在对谈的过程中，有时你聊得多一些，有时我聊得多一些。有时候聊得离题远一些，有时候又紧扣着出版的中心议题。

在整理这些对谈记录的时候，我们商量了几次，要不要让这个文本更加具有实用性。后来想来想去，我们决定还是尽量保持原貌。为了让读者更清晰地了解从写作到出版的流程，我们特意增加了一篇导言性的文章《从写作到出书，你需要了解的秘密》。

相信爱书的人，能读懂我们的心思。想认真写作和出书的人，自然也能从中获得最重要的信息。

我们希望翻开这本书的你，能多一点耐心来阅读这些关于书的文字。阅读与写作，都是我们更加接近心中那些美好事物的方式。

从写作到出书，你需要了解的秘密

在正式开始对谈之前，需要先梳理一下从写作到出书的基本流程。对于很多的普通读者来说，可能需要先了解这些。

写作者为什么要有出版思维

作品要出版，作者当然先要把作品写完。在写作的过程当中，有一点出版思维，会有很大的帮助。

出版思维有助于整个创作的推进，这在于你能想象你的书出版后的样子。书名如何，形态如何，颜色如何，都可以想象——在想象当中，你对这本书的把握越来越准确,这可以增加你写作的动力。出版思维能帮助你厘清这本书是写给谁看的。你心里有一个读者的形象,这个很重要。

每本书都有其面向的读者。这个读者形象,也就是文本的受众,将会陪伴你的整个创作过程。有了这么一个读者形象,就像练武术,有一个人在你对面,或是一个陪跑者,伴随运动员的训练。

为什么要心里装着读者?这个读者形象不是变幻莫测的,而是越清晰越好。做书同样如此,这本书给谁看,谁会感兴趣并且购买,这个读者画像越清晰越好。不要相信"老少咸宜""雅俗共赏"这样的套话,时代变了,读者的阅读趣味也变了。如果一本书甚至不知道能不能出版,不知道未来有谁会喜欢,写作就会少了很多期待。

出版思维还有助于你在写作中及时调整作品的结构和方向。如果你一开始就很坚定,很明确自己要写什么,那事情将变得容易得多。但是写作是漫长艰辛的劳动,要经历很多困难,其中最大的困难是犹豫、中途发生变化,比如要进行较大的方向调整,那怎么办?你可能会觉得痛苦极了,都要放弃了。这时别着急,你可以去书店逛一逛。

书店里有海量的图书,可以让你重新审视自己写作的作品的价值;而在相应的书架前,你还可能会重新发现自己完成这部作品的方法。比如，看看同类题材的书，别的作者是怎么写的，它的结构是怎么处理的，甚至一个书名，都可能给你启发。最重要的是，你看到别的作者是那样写的，就可以反过来观照自己的方向：是跟风，还是独辟蹊径，就由你自己去定夺了。

如何整理你的书稿

如果有专业的策划机构帮助作者对接一本书的出版，那对作者来说就轻松多了。如果作者自己想尝试去对接一下出版社，那么接下来这部分，可能会有用。

整理书稿这一点，非常非常重要。我经常跟投稿的作者强调：把整部书稿整理好了，再发给我。

什么是"整理好了"？

这里要划重点了：把整部书稿放在一个 Word 文档里（而不是一篇一篇零散地打成一个压缩包），同时安排好章节结构，拟好目录，写好前言、后记，然后用三五百字提炼出内容简介，把作者简介也放上。

对于书稿的 Word 文档，我个人喜欢这样的格式：正文用小四号字体，篇章名字用 Word 中的"标题2"格式，小节名用低一级的格式，以此类推。这样整理完，你在 Word 的"视图"菜单下，找到并勾选"导航窗格"，全书的逻辑结构就一目了然了。这样能够快速定位，修改和调整起来也非常方便。

有的人说，我就是不拘小节，自己也很忙，没时间整理书稿，那怎么办？

您说的也对，大家现在的确都很忙。但是，一部书稿投到编辑那里，他可能用几分钟十几分钟，就决定了要不要继续在这部书稿上花费精力。编辑工作也很忙，每天要处理无数的事情，也要看很多份书稿。一个对自己的作品都不愿多花点时间去精心整理的作者，他的作品能好到哪里去呢？能寄希望于别人来帮助他吗？

至于内容简介，相信没有谁能比作者更加了解写作一本书的背景、出发点、意义。所以作者当仁不让，应该写好这本书的内容简介。

当然，编辑可以在作者的基础上，再做一番修改和提升。也许，编辑会推翻重写。这没有关系，这样至少可以增进编辑对书稿的初步了解。这是整理书稿的重要环节，可千万不能图省事。

其实这个过程，就是让你试着像出版社的编辑一样思考。这是一个很好的训练机会。比如说，你可以试着为这本书做一个简单的策划。这样一来，既能提供给编辑很好的参考，又能让你对这本书的方向做一番思考。还有，你这本书的读者对象是哪类人群，封面上写哪些话可以打动读者，也可以试一试写下来。这是非常有用的训练。

如果你坚持为自己的每一本书都做好上述工作，你慢慢就会发现，你对于出版一本书越来越熟悉。

我常跟作者说，如果要向我投稿，请按照上述的要求把书稿整理好，再发给我。

如何寻求出版机会

整理好书稿，就要寻求出版机会了。

给出版社投稿，这是一个让大多数作者头疼的事情。问题来了：全国有几千家出版社，该向哪里投稿呢？有的人说，我不投稿给出版社，是不是也能出书？答案是不能。

借此机会，我把出版的常识说一下，可能有的读者并不了解出版是怎么一回事。

可能有的读者听说，在有的国家或有的地区，一两个人也能申请成立一家出版社，想出书就出了。我们国家对于出版，有严格的规定流程。全国那么多的出版社，只有这些出版社才有资质出版图书。你去找一家打印店，把自己的作品装订成一个小册子，自己留着欣赏，或者打印个三五本，跟好朋友一起分享，这是可以的。但是要正式出版，要在市场上销售，就必须通过出版社。

那为什么有的作者的书能出版,有的作者的书却出版不了呢？答案很简单:出版社如果觉得这本书出版之后,有读者感兴趣,会掏腰包购买,就会愿意投入成本来出版这本书,那么这本书的出版,就会简单许多。要是出版社觉得这本书虽然写得不错,但是出版之后可能卖不出去,那自然就不愿意出版了。

如果编辑觉得一本书不错,作者也相当自信,但是出版社预估这本书销量不会太好,怎样才能出版呢？那就需要千方百计地提高这本书的销量。有的作者愿意出些费用,自己购买一部分书,也就是"回购"部分书。这是一个好主意。对于出版社来说,这就提前"锁定"了一部分销量。如此一来,这本书出版的概率就大大提高了,因为这无论对于编辑还是出版社来说,都是一个好消息。

也许有读者会问:我一开始联系 A 出版社,回复说不出;又联系 B 出版社,回复说需要五六万元钱才能出版;再联系 C 出版社,回复说能出,不仅不需要费用,还有版税。这是为什么？答案也很简单:每家出版社的风格、喜好都不同。有的能出,有的不能出,都很正常。刚好某个出版社有对路的书系在做,你投上一部书稿,恰逢其时,皆大欢喜。所以出书有时还需要一点运气,就像谈恋爱一样。

还有读者问:在同一家出版社,我给了 A 编辑,说不能出，过了一年我又给了 B 编辑，结果出了。这是为什么？答案也很简单：A 和 B 两位编辑的做书风格、思路不一样，没有孰优孰劣，有时一个好角度、好策划，就能救活一部平平的书稿。但是，我们往往不提倡给同一家出版社的不同编辑投稿。这是重复劳动，消耗编辑的宝贵精力。建议只投给一位编辑就行了。

还有读者问：我的书稿没有出版社肯出，那我现在可以通过"购买书号"的途径出书吗？答案是不行。出版是一个非常复杂严谨的过程，所谓"购买书号"实则是违反法律法规的行为。就算是自费出版，出版社仍然有严格的三审三校制度。只有通过正规的出版社、正规的出版流程，才能正规出书。

所以，一部书稿能不能出版，其实是一个比较复杂的事情，也有一个复杂的流程。

一部书稿在出版社需经过哪些流程

先要把书稿投到对路的出版社。

前面我也说过，每个出版社的风格、方向各有不同，各有侧重。在这个方面，可以多研究一下书店里的那些上架书。就算是同一个出版社，不同的编辑也有不同的方向。这就需要更加深入的研究了。这当然会有点难。投稿之前，你可以找一找出版社的官方网站，有的出版社会在官方网站上挂出投稿邮箱；也可以关注出版社的微信公众号，有的出版社会在微信公众号内提供投稿邮箱。

投稿过去，然后，静待回音。

不过，老实说，这种投稿最终能够出版的概率偏低，这是一定的。但是至少你可以尝试。

如果你认识编辑，或者有编辑的私人邮箱，则不妨直接投到编辑的邮箱里。但是千万不要着急去催促编辑审读你的稿件。很多时候就是这样，从投稿到收到回音，这个过程非常煎熬。不过我的建议是，不妨把这个过程也当作有趣的部分来看待，多尝试几家；当接到回复的时候，你会有新的体验和收获。

一本书交给出版社，将会有很多人为这一本书付出心血和精力。编辑、校对、设计、印制、发行、营销，这些岗位上的每一位老师都尽心尽责，为这本书的面世承担自己的职责。事实上正是如此，每一个环节，都需要耐心。

一本书稿在出版社需经过哪些流程？

首先是选题会，只有在出版社的选题会上获得通过，这本书稿才算在出版社得到了认可，可以进行后续的选题申报和CIP申请环节。其次是三审三校——这个过程需要的时间很长，很难压缩流程。书稿里的每一个字，都需要编辑、校对进行审读，他们每一位都很认真负责，会翻查资料，核对原文，修改错字、病句，甚至不会放过一个标点的错误。这个过程是漫长的。

有的编辑手头也许有三五部书稿在同时进行，有的书稿很急，需要在某个时间节点前出版。这样，另一些书稿就要往后排。也许一部急的书稿刚结束，另一部急的书稿又来了，它们拥有无可比拟的优先权。这样的话，另一些书稿还要继续往后排。一本书稿的排期不断拖延，这也是经常碰到的事情。

一本书的出版，可能要六到八个月，甚至更久。我手头就有几个案例，真可怜，居然有好几个案例——书稿被出版社看中了，签了出版合同，中间经历种种波折，正式出版的时候已经两年多过去了。

难以置信，是吧？

但这是真的。在出版这个行业里，这都不算最惨的。在一切都非常顺利的前提下，一部书稿花费六到八个月时间就能出版。这里需要感谢很多人：感谢编辑没有在把书做到一半的时候离职；感谢设计师正好有空当，并且接到设计任务时，就灵感爆发做出令人满意的封面；感谢这本书的插图不算太多，而且刚好图片都有版权；感谢印刷厂那段时间没有在赶印教材；甚至要感谢出版社的仓库没有被水淹……

这样，才有可能快速地推进一本书的出版流程。

在这个过程中，随便哪一个环节出现问题，都将耗费很多很多时间。

总之,现在,谢天谢地,你的书终于印出来了!

别着急,距离图书正式在书店上架,至少还要半个月时间。从印刷厂到出版社的仓库,再从仓库出货到渠道的仓库……一切都在有条不紊地进行。

图书出版之后,还要做哪些事

现在再来说说,当你的书幸运地得以出版之后,你需要做哪些事。

一本书不只是一本书。

这话怎么讲?

写作一本书,需要耗费大量的时间和心血。出版一本书,又要耗费很多的人力和物力。从很多方面来讲,这都是一件需要投入巨大成本的事情。而花费如此多的时间、精力、人力、物力去做这一件事,回报是什么呢? 如果仅仅把它看作一本书,无疑会让很多人望而生畏。因为这本书所能提供给作者的物质性回报,并不算丰厚。

也许有的人会质疑:你出一本书,能赚很多钱吧?

老实说,并不多。

计算版税的公式很简单,一本能正常在图书市场发行的书,版税率可能在5%到10%之间。版税率乘以图书定价乘以印刷数量，就是作者应得的税前版税了。举个例子，《怎样出版一本你自己的书》定价50元，版税率7%，首印5000册，那么版税是50乘以7%乘以5000，等于17500元（税前）。而有些时候，作者的运气还没有这么好，不一定有版税。当然，如果这本书十分畅销，不断加印，那会是一件令人开心的事情。如果销售了5万册，那么版税就是10倍，17.5万元（税前）。

总之，单纯只看经济回报的话，你会发现，写作并出版一本书的性价比并不高。

但是，为什么还是有很多人想要出版一本自己的书呢？

很简单，因为一本书不只是一本书。这本书背后，是一整套对于书的认知系统。它也许是作者建立个人品牌的重要手段，也许是作者一生从业经验的总结，也许是作者想献给世界的礼物。

不妨把一本书作为建立作者个人文化品牌的手段来看待。一家企业、一个地区，不管是大是小，往往都有自己的文化品牌。但是作为个人，也需要建立个人品牌吗？当然。我一直有一个观点，写作，只是作者丰富多彩的人生里的一个侧面。在古代，文人都是多才多艺的，琴棋书画，做官耕田，样样都做得来，做得好。但是从前的文人，一般没有人会说自己是个书法家，是个作家。因为书法、写作、出书，都是他人生里头做很多事情的基础而已。分开来,每样技能不过是一个侧面,甚至是一个工具。艺术可以陶冶心灵,写作可以记录传扬,出书利于交流探讨,如此种种,共同构成了一个人的丰富性。个人品牌的塑造,对于作者的持续写作和出版,具有重要的价值,同时,对于作者开展各种各样的工作,也有巨大的推动作用。毕竟,书籍是思想的载体,而且是精神世界相对完整的一次呈现。

因此,一本书的出版,绝不能当作一个孤立的事件来看待。不妨把出书的目的想清楚,把出书作为自己个人品牌建设的重要一环来看待。一本书出版得好,影响力大,可以推动作者进入人生的新阶段,构建自己更广阔的天地。

作者要不要参与新书的推广宣传

我们知道了出书对于个人品牌的重要性,但是个人品牌的建设,却不是一个人就能完成的。它离不开作者自己有意识的积累,更离不开出版社的推动和运作,离不开媒体对于这本书的整体关注与协作推动,也离不开由那些支持你的读者共同建立的场域。

这个话题打开得有点大了,我们缩小一点,着重讲讲图书的传播与营销。

一本书出版之后,肯定要有传播和营销。也就是说，要让尽可能多的人知道这本书，或者是让更多的潜在读者知道这本书。

以往，我们国内的图书作者在这方面的意识不强，他们跟推广、发行是分离的。很多作者，对于自己新书的营销和推广基本不参与，或者，只是参与一下新书发布会什么的。在他们的观念里，这本书卖得好不好，跟他们没有关系。也许还有人认为，为自己的书做推广，是一件"有失身份"的事情。

其实，错也。

至少在当下这个时代，这是需要破除的旧观念。这些年来，很多图书作者也很努力地参与图书的宣传推广工作，与出版社一起，做活动，搞签售，上网络直播，用一波一波的推广活动，为新书上市造势。每一本书都要争取更多的曝光度，获取更多的关注度。一本书出来，如果悄无声息，没有做任何推广，很可能就会淹没在新书的大海里。少数顶尖作者本身不需要做任何推广，人们会自动为他们做传播。但大多数的作者都不可能有这样的待遇。

那么，请作者一定多多参与推广与分享吧。做好营销、推广和传播，一方面，是增加图书的销量，提高经济效益；另一方面，是在提高作者的知名度和社会影响力。

推广这件事，说起来很惭愧，我虽然有些经验，但是也并没有完全跟上时代的潮流。比如说，短视频、直播。我不知道你有没有微信视频号，我自己是没有的。我觉得那个太浪费时间了。不过，短视频的确是社会潮流，人们把大把大把的时间花在了看短视频上。这几年，很多出版社在尝试做短视频的工作。短视频对于图书的推广，也是非常有用的手段。

那么，作为作者，你的书出版以后，你有哪些事情要做呢？

先来个新书发布会吧。这个发布会，既可以是隆重的、官方的，也可以是简单的、个人的；可以是线下的，也可以是线上的。形式多种多样，可以根据实际情况来安排。

然后可以跟媒体、自媒体联系，把新书出版的信息主动传达给他们。这个工作，好多出版社都有专职人员在做，有一个岗位是营销编辑，干的就是这个工作。营销编辑会主动跟全国各地的媒体人、"大V"建立联系，把新书信息给他们，还会把刚印好的新书寄送过去，如果这本书足够吸引人，他们就会在自己的媒体、版面、节目中进行传播。

接下来是各种网络平台的传播，包括豆瓣、微博、微信公众号、小红书等各种平台。有的出版社也会搞一些转发抽奖、转发赠书之类的活动。

对于作者来说，不能把营销仅仅看成出版社或出版机构的事情。作者其实是连接这本书与读者之间最重要的桥梁，读者可能是因为你而关注到这本书，进而去阅读，进而加深对你的认识。书是你跟社会上更广泛的人群进行交流的一种渠道。如果你对这种交流避之唯恐不及的话，那么书的传播同样也会失去意义。

有的人说，我有"社交恐惧症"，我就是不敢面对人群，不敢社交。

好吧。那我觉得，你依然可以找到一种好的渠道，比如网络，来完成你跟读者、社会之间的互动。举个例子，你也可以让朋友们在各自的朋友圈里转发你的新书出版信息。别小看这么一个小小的举动，它可以像涟漪一样波及更大的范围。

我相信，很多可能性只有建立在人与人的联结与沟通之上才能出现。而一本书就是一座桥梁，你不知道你的这本书会到达哪一位读者的手中，会在他心中引发怎样的触动。有了传播，有了沟通，一切才皆有可能。

如何对接图书出版策划人

也许有读者会说，原来出版一本书是这么复杂的事情。那么，有没有人帮我打理这些事呢？

在国外，的确有很多专业的人在帮助作家打理这些事务,他们被称为"图书出版策划人"或者"版权经纪人"。在国内,这几年也有一些人在做这个。专业作家或畅销书作家,往往有版权经纪人帮助他去谈一些商务上的事情。但是,不知名的作者、素人作者,很少有专业的版权经纪人帮助他去做这些事。其实,恰恰是这样还未成名的作者,会有非常多的困惑,对出版往往缺乏了解,也没有门路与渠道去出版自己的书,最需要专业人士帮助他们策划书稿、对接出版、进入市场。

这些年,我们也在做这样一些事情。我们出版的很多书是作者人生中的第一本书。此外,还有很多知名作者的书,以及为传播某些美好事物而特别策划的书。通过我们的劳动,让一本本书美美地面世,本身是一件特别让人高兴的事情。

我策划和主编了很多书系,在不同的出版社出版,有"雅活书系"、"稻田读书"书系、"我们的日常之美"书系、"文艺·家"书系、"传统生活之美"书系等。

每一本书出版的背后,都有一个漫长又好听的故事。

这些书的案例有很多。我一直有个观点,如果你也想出书,可以买一本我们做的书细细翻一下,我想,每本书应该都能给你带来一点点启发。

如何写出你的下一本书

好了，不要迟疑，赶紧完成你的第一本书吧。如果你的第一本书已经出版，那就更好了，请继续写你的下一本书。

下一本书写什么？

我的建议是，建立系统思维，把你的写作规划一下，出书其实也可以系列化的。比如，《盗墓笔记》一本接一本地出，影视剧一部接一部地拍。在我策划的书里，许丽虹、梁慧二人合著的"古珠之美"系列，也是非常成功的例子。

现在，就请开始吧。

目　录

第一章

书让时间成为文明

对谈地点:杭州·西湖边

每一个个体，都可以是一本书

何丹：虽然我是做出版的，但文字编辑、文字校对这样的工作我没怎么做过，也没考过编辑资格证。我做的是出版服务，主要是做一本书的立意、策划这样的前端环节。做书，如果按正儿八经的出版社要求的话，我连资格证也没有，是个"外行"。

周华诚：图书编辑其实分为好几种，一种是案头编辑，就是要看错别字，要审读书稿什么的。另一种是策划编辑。现在好多出版机构，前端都有策划编辑，一个出版人加一个策划人，采用这样的模式。其实在出版行业，优秀的策划编辑是非常稀缺的。

何丹：是的，现在策划编辑是一个"大编辑"的概念，不是原来狭隘的，仅限于书稿的编辑。我们原来不是讨论过,想做一个"写作出版训练营"吗?其实这几年我们也一直在做这个事情。我们来做"创作教练",让人人都能写作,人人都能出书。

周华诚:很多人想写作,想出一本自己的书,但是不知从何入手。

何丹:是的。你从报社出来以后,自己做图书策划有多少年了?

周华诚:六年了。

何丹:做了几本书?

周华诚:自己写的除外,我经手策划出版的书大概有六七十本了。比较有意思的是,这里头有近半数,是作者人生中的第一本书。

何丹:首作。

周华诚:对,我们相当于首作背后的推手。

何丹:我做出版十多年了。不一样的地方在于:你是从个体写作出发,积累了独特的出版经验;我是从公司的角度出发,以机构的形式做商业出版。我做的很多书,对企业来说,也是他们企业的第一本书。

我从2011年开始,一年平均做十五个项目,大概也做过一百五十本书了,有过各种各样的尝试。所以我们的对谈会很有意思,我们从不同的角度出发,一起来探讨不同的主体如何用写作和出版表达自己。

周华诚:其实小到一个人、一个小公司、一个小机构,大到一个村庄、一个县、一个省,都可以是一本书。在这一点上,我们的理念是不谋而合的。

何丹:是的。我出过一本书,叫《极简企业史:中国商业文明的一种记忆(1978—2018)》,这本书着眼中国改革开放四十年,通过刻画十二个特殊历史时段,表现中国国企、民企、外企三者历经跌宕起伏的图景;同时,分阶段推介相关企业的案例研究图书,为读者按图索骥深入了解中国企业史提供了一种便捷的路径。我在这本书的开篇序言里提出一个概念——"让时间成为文明"。

我认为人跟其他生物最大的区别是人有记忆。金鱼跟人最大的区别就是金鱼的记忆非常有限,人的记忆可以延伸很长,可以是一辈子的。但一辈子还不够,人要把记忆精华的部分传承下来,这就需要借助很多媒介。

书籍就是一种最古老的媒介,后来有很多其他媒介,像电影、电视、互联网等等,因为记忆"不靠谱"且不可复制,人类就用这些媒介保存记忆。比方说,我们今天在这里聊天,讲了这个事情,但其他人不知道。而书籍是可以复制的,可以让更多人看到,也可以保存和传承下来。对于人类在这个世界上最早的记忆的传承,书籍起到了巨大的作用。如果只靠口口相传,记忆会流失,也可能会变形。但变成白纸黑字,它的可靠性会更强。

所以我当时说,要让时间成为文明,这是一个很重要的理念。在《极简企业史:中国商业文明的一种记忆(1978—2018)》这本书里,对于当时市面上的各类企业传记和企业家传记,我分门别类地整理了一遍。实际上它是一个具有档案价值的书目,如果你想了解中国的企业,这里面都有。对于做企业研究和有志于财经创作的人,是有较高参考价值的。

写作是个体的"改革开放"

周华诚：写作和出书，对每一个主体来说，都是一件意义非凡的事情。

何丹：不管是对于个人还是企业，写作都是在梳理自己的历史，立足当下，发现过去，面向未来。我甚至认为，写作这件事情，是每一个个体的"改革开放"。

周华诚：是一次变革。

何丹：是的。书是有一定的严谨性和规范性的。通过创作的方式，梳理自己的信息，无论是故事性的、理念性的，还是感悟性的，都是通过一种理性的方式来表达。这是一种改革，是对自己的一种重组和再造。但书又有开放性，因为要给别人看。自己的很多想法，不管是好的还是坏的，都在字里行间一览无余了。这是一次"改革开放",是很需要勇气的。

周华诚：我曾经在几次关于写作的访谈当中提到过一个观点，就是我特别感恩写作，因为写作促使我不断地思考。如果不写作，日子就一天天重复着过去了，而有了写作，你就会去打量和思考自己正在经历的生活，做反思和反省，然后再把它写下来。写作会让你思考自己的生活，想想人生这段路走得对不对。所以写作是可以让人变得更好的，会让你一点点改变自己。

这个理念和你说的其实是一个道理。作者写一本书，其实他在写一篇文章的时候已经在做这样的思考了。书出版以后，他要把自己的心得去跟别人分享，他讲得不一定对，这个时候还要克服自己内心的障碍，才愿意把一件自己都觉得不太成熟的作品拿出来。但这是很重要的，对于一个写作者来说，没有一个作品是十全十美的。哪怕你已经写了一本书，当时觉得很好，过两年再看，也可能会觉得自己两年前怎么这么幼稚。

写作是拾级而上的

何丹：昨天有一个创业七年的朋友给我打电话，他从事的职业是"CEO 教练"。他在电话里跟我谈了四十多分钟，说他想出书。我说，好啊，很欢迎，就是需要你们这些有热情的作者才能繁荣这个市场。然后他就问要做什么，并且讲了很多，什么"天人合一"，什么理念体系。我一听完，就给他提了三点意见。第一点就是，不要把你的第一本书当成最后一本书。

周华诚：是的，这是每一个作者一定要接受的现实。一个写作者，不能老想着一起步就写到最好。

何丹：如果这样想，你下笔肯定会有如千斤重，甚至可能永远都下不了笔。想得很完美，负担会变得很重。

我认为写作本身就是一件拾级而上的事情。很多天才一辈子就写一部书,像曹雪芹。但这种天才人物能有几个?你不能把它放大。大部分人的写作都是拾级而上、一步步进化的过程。有可能最后一本书也很烂,而中间那本才是最好的。所以写作就是"改革开放",你要打开自己,能做到哪一步,可能要做出来才知道。千万不能把自己的第一本书当作最后一本书。

第二点,不能什么都想要,写作一定要聚焦。中国一年有那么多种新书出版,你的书会被放到哪里都不知道,可能很多读者都没见过你的书,它就已经下架了。如何让别人看得见你?首先你要聚焦到一个点上,让读者一眼就能看出你要讲什么。只有聚焦,你在写作的时候才会有纵深,做得透,这样才会让读者有所感悟。千万不能做大结构。

第三点,我跟他讲,写作是一件长周期的事情。你不要想象今天我要写本书,明天这本书就出来了。写作一定是很孤独的,是一个人的世界。虽然在写作上你是自己的国王,但是这个王国只有你自己,下面的兵也只有一支笔,没有其他人。

周华诚:是的,甚至连最亲近的人都帮不到你。

何丹:写作就是自己的事情,但是你可以自己给自己做主。

周华诚:有一些朋友可以提供好的建议,这是需要的。但是在真正一个字一个字的劳作过程当中,写作者一定是孤独的。

何丹:财经作家吴晓波老师原来开过一个玩笑,说从乞丐到将军,每个人都希望出一本书。因为书这个东西是很平等的,无分贵贱。就算是一个乞丐,可能也想出本书,讲讲自己的人生经历,讲讲自己一辈子碰到过什么样的人,讲讲自己在路上看到过什么样的事情。

周华诚:很多人都有这样的想法,"我这辈子经历了那么多事情,只要我愿意写出来,都是一本书"。

何丹:所以说每个人都有这么一个梦想,希望自己的记忆被文字承载,被别人看到。人在本质上是孤独的,所以需要被理解、被关照。

周华诚:这也是写作者在这个世界上寻求存在感的一种方式。书和人的生活、人的经历,都构成一种美好的关系。做书也是一个美好的事情,虽然过程会很辛苦。

书是一座让精神休憩的避风港

周华诚：对你而言，这十几年是跟书相伴的十几年，为什么会想在这个时候做一个总结？

何丹：十年好像是一个节点，节点的意义是时间对人类的一个提醒，因为有时间的概念，人类才有意义。

周华诚：书对我们两个来讲，都是生命里很重要的事物，比一般人都重要得多。因为你除了在工作上做书做了十几年，你的生活也可能都被书包围了。

何丹：真的被书包围了，家里都没有客厅，全是书房。

周华诚：家里收藏了多少本书？

何丹：没数过，反正不停地买。没有扔的，只有塞的。

书对我的意义是什么？如果说要挣钱，这个行当真不是个好行当。我们知道出版行业有很多政策管控，可作为的空间是有限的，在某种意义上，做出版就是在钢丝上跳舞。出版业的资本回报率也很低。在中国，整个出版业的产值可能还没有一家房地产公司的产值高，利润不如它，规模也不如它。

那为什么还要投身进来？我觉得热爱是很重要的，否则你没办法在这个事情上走得很远。因为热爱，你就会投入，自得其乐，把书一本一本做出来，就像自己的孩子一样，这种成就感不是财富的增长能带来的。

更重要的是做书能帮助别人，让写作者实现出书的理想，让他们的时间成为历史，成为文明。

再者，我觉得做书能让我在这个急剧变化的时代保持相对理性，不那么浮躁。在财经领域里，我是一个观察者的角色。财经界这个江湖里，有不少富豪，他们经历着大风大浪、起起落落。我在旁边观察他们，写他们的故事，一方面离江湖不远，另一方面，也不会受到太多江湖风浪的侵扰。从行业属性来看，这里是一座避风港。

周华诚：是的，对我们来说，做书既是一份工作，也能使我们自己内心受益。书创造了一个空间，让自己的精神可以休憩。

何丹:刚才讲到我们家没有客厅,只有书房。有时候我看着书架上的每一本书,无论是古人写的还是今人写的,都是智者在和你对话。你随时都可以抽取它,这种感觉是很美妙的。比起某些商业领域的急速波动和不可预测,书的确定性很强,而且它的交换成本极低,拿时间去换就可以。况且时间花在这些美好的事情上,你不会觉得浪费。

打个比方,今天晚上你乏了,或者是有点不开心了,当你一扭头看到书架上某本书里有些什么内容,你就可以移情。这种移情是能够让你静下来去寻找另外一种答案的方式,书翻着翻着可能就把心中的疑惑解决了。

每本书都是一个台阶

周华诚:毛姆说,阅读是一座随身携带的避难所。博尔赫斯也说,如果有天堂,天堂应该是图书馆的模样。

何丹:阅读是很美好的,我觉得我们做出版这个事情,令人开心的就是我们能够志同道合,还能帮一些从来没有出过书的朋友出版人生中的第一本书。换成是为一家机构也好,一家企业也好,也是打造它们生涯中的第一本书。

周华诚:是的,我们在做了这么多年出版以后,是有一些心得的。这是我们自己走过来的经验,可能跟别人或者其他出版机构有不一样的地方。也许我们把心得总结一下,会让更多的人能够更好地完成他们的第一本书,这也是我们一个很重要的出发点。

对个人来说,能写一本书,做一个总结,这是一次重要的机会。对于自己来说,这是一个里程碑,对别人来说,则是一个交流的过程。

何丹:书籍在人类进化的过程当中,代表了一个很重要的历史阶段,总有一些人是在为其默默付出的。我曾经讲,即使纸质书在我们这一代人手上式微,我们也情愿做它的"守墓人"。

周华诚:我的观点和你有点不一样,我更乐观一些。我觉得书不会消失,可能载体会发生变化,也许将来文字不会再印在纸上,但是总体上它只是书在形式上的改变。

何丹:纸质书承载人类文明约有两千年了,陪伴着人类度过了漫长的时间。我们去从事出版这个职业,于我个人而言是幸福的,因为很多东西是不能被物化的。

周华诚:就像我们做的这本《造物之美》,你是这本书的发起人,我是这本书的作者。对我们俩来说,都有很多收获。

何丹:是的,这本书怎么来的呢?

2015年1月份的时候,我们公司的高管团队去日本开年会,开完会大家在那里购物,买了很多东西。最后一天,到了机场,大家的"战利品"堆成小山一样。我们就看到有好几个人不仅买了电饭煲,还买了智能马桶盖。智能马桶盖的包装很大,比较醒目。

吴晓波老师的新闻敏感性是很强的,他就问:为什么一个马桶盖还要跑到日本买,再吭哧吭哧扛回去?

因为当时国内的智能马桶盖很少,也很贵,大家听说日本的智能马桶盖质量好,就想买回去。后来他在回国的飞机上就开始写文章,写了那篇《去日本买只马桶盖》,第一天的阅读量超过六十万。吴晓波老师把观察到的现象绘声绘色地描写出来,还在文章里评论:"'中国制造'的明天,并不在他处,而仅仅在于——能否做出打动人心的产品,让我们的中产家庭不必越洋去买马桶盖。"可能是戳到了很多国人的痛点,这篇文章引发的舆论在互联网上持续发酵,一时沸沸扬扬。

当时正逢春节旅游高峰,很多人看到以后都去日本买智能马桶盖。这引起了新华社和央视等主流媒体的关注。日本也有媒体报道,说中国游客都来日本买智能马桶盖。后来"马桶盖"还成为两会的"热词"。

据说这波网络热议,让当年松下的智能马桶盖市场占有率翻了几番。因为需求不足、产能过剩,他们的生产线原来还有闲置的,经过这样一发酵,立马变成产能不足了。受到吴晓波老师那篇文章的影响,松下就找到我们,想一起来做一些营销方面的合作。那怎么做呢?

　　"工匠精神"成为2016年政府工作报告新词。我想,应该响应国家号召,体现"工匠精神"。松下的产品本来就来自"制造之乡"日本,以"质"取胜,获得了消费者的认可,日本的"匠人精神"也是举世闻名的。我们就想围绕这个主题来进行策划。

　　于是我们邀请一些经济观察界的代表和国内具有代表性的匠人,还有松下的团队,发起了一个活动。我们从中国出发,到松下的故乡大阪,去他们的车间里面,看看松下的现代制造工艺是什么样的,再去参访其他在大阪的制造公司。我们还去了京都,看那里的百年企业和千年小店。我们想去探寻日本的"匠人精神",把一路的所见所闻,请一个作家记录下来,当时就请了你来写。

　　周华诚:听你这样一说,我就能把这本书的前因后果全部串起来了。

　　那次见到吴亮的时候,他一看到我就说,噢,原来是找你来写。因为我之前跟他有过一次接触,他很喜欢足球,非常支持足球事业,我去采访过他,还写过一篇报道。那个稿子后来在杂志上发了,写的就是他和足球的关系。我们在聊天的过程中他也跟我分享了很多观点,最后稿子出来他很满意。所以后来你引荐我们的时候,他就感觉好像是种缘分。

　　那次日本的活动我们有很多现场的交流,我印象比较深的是当时大家在讨论"新匠人"和"旧匠人"的区别，说"旧匠人"倾向于固守传统，大部分是单打独斗的，而"新匠人"更具有创新精神和团队协作意识，也更擅长利用新的互联网工具，这对我有很大的启发。

何丹：对，"马桶盖事件"其实有很多衍生的成果。书是一个成果，后来吴晓波老师在这个基础上率先倡导"第三次新国货运动"，在国内最早提出了"新匠人"的概念。

如何挖掘出每一本书背后的公共性

周华诚:《造物之美》这本书出版以后确实引发了很多有意思的反响,包括对我们做出版也有启发。

企业想做书,一定是有一个需求,或者说有一个目标的。但是这个书具体怎么做,企业方往往是不明确的。最初他们想在这本书里讲一讲松下是怎么做马桶盖的,呈现公司在中国三十年的发展历程,相当于写一本企业史。后来我们做了一番沟通,我给他们提了一个方案。我想通过日本传统匠人的视角,更宏观地展现这个时代的匠心精神。在探访日本当地的十多位传统匠人之后,再进入现代化的生产线,去看这种匠心精神是如何在现代化的流水线上得以传承的。只有这样做,才能把一家企业的小话题,变成一个大的公共性话题。

当然，这是需要去和甲方沟通的，双方达成共识才能做。

当时我跟他们说，如果整本书都写松下，那这本书是没办法在市场上热销的。因为你没办法让大部分读者对一家企业感兴趣，即使这家企业非常优秀，愿意去读的人有多少？

一本书如果不能在市场上卖得好，而是仅限于企业内部当公关品赠送，它的影响力会小很多。所以我们希望在策划和立意的时候，能把这本书外化成一个社会的公共话题。这本书出版后加印了好几次，很多媒体人都愿意免费宣传这本书，因为他们认为这本书的内容是有公共价值的。在不断传播的过程中，松下的品牌在反复露出，而且那种传播的方式是很自然而然的，润物细无声的，不会让读者反感，这是一种源源不断的附加效应。

何丹：是的，这本书当时设计的时候就说一定要有公共性，还要有图片。这样才有现场的真实感，我们通过一个旅程，用散文化的表达把它记录下来。

周华诚：在出发之前我们俩沟通比较多，达成了明确共识。这就像一次寻访，我们是带着问题出发的。

在动身前，我读了十几本关于日本的书，为采访做了很多前期准备。其中有五六本是关于日本匠人和造物的,另外一部分是讲日本文化的,包括《茶道六百年》《阴翳之美》《菊与刀》等。这对我后期怎么把这本书往文化和审美的方向去写,都是有启发的。除了这些内容偏"软"的书,比较专业的财经类图书我也读了四五本。

当我把这些书全部读过以后,其实在出发之前,我就已经知道这本书要怎么写了。所以在采访的时候,我的目标是很明确的。

在旅程中,很多环节是无法把控的,经常会很匆忙,去到一个地方就待一会儿,可能就是去看一看,然后聊几句。要在这种情况下收集有效素材,而不是漫无目的地闲逛,前期的准备非常重要。准备得足够充分,会让你在采访和观察细节的时候更高效。哪怕有些人我只能采访半小时,这半小时都是有用的。以前我在媒体做采访,前面半小时常常都在漫无边际地聊。在这半小时里需要尽快找到一个主题,才能确定接下来的半个小时我要怎么聊。不成功的采访是等两个人全部聊完了,都要说再见了,还不知道主题是什么,这是完全失败的采访。我记得当时我们每天晚上回到酒店,都是要复盘的。

何丹:当时我们走访了很多地方,也拜访了很多有趣的匠人。比方说那家全日本最古老的点心店,传承了二十五代的一家小铺子,只卖麻薯这一件东西。还有做手工金属茶筒的八木隆裕、做传统手工团扇的小丸屋、"米饭夫人"加古纱织等。

周华诚：让我印象深刻的还有采访过程中的小细节。

有一个做木器的匠人叫中川周士，我们在采访的时候，他捧着一手心的刨花，凑过来让我闻一下，问我香不香。后来我们每个人都凑过去闻，我就觉得这个细节很好，你能感受到他捧着刨花的样子是很庄重的，他对器物的整个制作过程都是非常珍视的。他的刨花不太会断，一圈一圈地卷起来，就像一件艺术品。现场除了刨花，并没有多少废料，好的木匠都能物尽其用，这也是一个匠人对原材料的珍惜和敬畏，这就是匠心。

还有一个细节，也完全是在采访的时候聊出来的。

松下有一位智能马桶盖的研发人员叫古闲良一，他在公司被誉为"黄金右手"。因为一直从事智能马桶盖的研究和开发工作，他的经验很丰富，用手就能准确地感受到水流的细微变化。我问他这个水流为什么好，他回答"这个时候的水流最温柔"。

只有抓住这些细节，才能让写作更丰满，这就需要你抓住一个细节问得很深。如果不问，这个话题就溜走了。

古闲良一还讲到一个技术上的数据，我们知道在按了冲水键以后，冲洗屁股的水流没有那么快出来。

他说，现在的即热式马桶盖，从按下按键到喷出热水，只需要七秒钟。这个数字听上去很精确，我就问他："为什么是七秒钟？"他开玩笑说："第七秒钟可能正好是你最期待的时候。"

像这样有趣的时刻，都是要牢牢抓住的。

水流其实是马桶盖的核心，除了清洁，还要带给使用者愉悦感。看上去就是一个普通的水流，但是在采访中深挖下去就很有意思。他还给我画了一个抛物线，问水流什么时候冲到屁股上是最舒服的。他说："我们有研究过，离得很近的时候冲出来的水流是直的，这个时候是不舒服的，就像被流水射击一样。必须等水流有点抛物线的时候，这个时候冲到屁股上，它的力量已经减弱了，冲到屁股娇嫩的皮肤上就很舒服。"这是日本人做事情的精细程度，当然这和他比较会讲故事也有关系。我围绕着水流的舒服、优雅这几个方面进行采访，如此才能挖掘得很细致，否则很容易就把写智能马桶盖的内容变得很技术化，没有什么好读的，像是一篇广告。

所以在采访的时候，我是有逻辑的，知道哪些细节才是最有用的。

对"米饭夫人"加古纱织的采访也给我留下很深的印象。

她讲到小时候听过一首关于做饭的歌谣，日本的主妇都知道，歌谣里有做好米饭的秘诀："咕嘟咕嘟，啪啪，扑哧扑哧，一把稻草，小孩子哭了也不能打开盖子。"

我就抓住这个细节，问她每一句歌谣背后的意义。然后她就讲到了电饭煲是如何模仿土灶煮饭的，由此开发了怎样的核心技术。这就让电饭煲这样生硬冰冷的工业化产品，具有了手工的温度，整个故事也有了人情味。

"米饭夫人"是一个很温柔的女性。我问她，电饭煲更新换代那么多次，到现在为止，她最喜欢哪一款电饭煲。她说她还是最喜欢十年前的那一款电饭煲。我问她为什么，她说那款电饭煲是她付出精力最多，也最投入的一次，虽然它做出来的米饭不是最好吃的，但在她记忆里是最好的。

后来我用这些细节作为文章的标题，企业方的代理公司一开始觉得太文艺了，目录看起来跟松下没什么关联。这就涉及我们前面讲的立意和策划的过程。

完全按照企业的要求写出来是没有人读的，我们一定要把它引导到一个公共话题上，通过讲述日本传承了一两千年的"匠人文化"，再回到松下是怎么做智能马桶盖的，这样写就水到渠成了。其实写所有的匠人都是为这个主题服务的，把一个好的东西放到一个群体里去观察，这种匠人精神是一以贯之的。

做任何一本书，一开始就要想明白，要做一本什么样的书，这本书要给谁看。这是核心的问题。给不同的人看，做法是不一样的。像这本《造物之美》，我们希望所有读者看了以后，都会觉得这个话题好，那就涉及书的写法，不能写成一本理性的商业管理书。普通读者要看的是生活当中美好的东西，所以它必须有文艺气息。整个做书过程是一环扣一环的，明确读者，明确风格，然后再明确主题。《造物之美》最终的主题，是落到生活上，讲匠心精神。如果去讲产品、讲管理，它就是一本企业管理书。我们要让普罗大众来看这本书，那写作就要贴近生活。所有的匠心精神，归根到底是讲每一个人对生活的用心。用心生活，也是一种匠心精神，这就跟每个人都有关系了。

我们成功地说服了甲方，由我们自己主导了整本书的创作，结果看来也是非常好的，而且超出了甲方的预期。

也有难以说服对方的案例，比较典型的是一家房地产公司。他们想做一本书，诉求很多，自己也不明确这本书要给谁看，既想给领导看，也想给同行看，还想给买房的客户看，诉求不聚焦，定位也不清晰。如果这样稀里糊涂去做一本书出来，结果就是谁都不愿意看。

我们在界定读者群的时候，甚至要界定读者的范围，是二十岁到三十岁的读者、三十岁到四十岁的读者,还是五十岁以上的读者? 是男性读者多,还是女性读者多? 诸如此类,都是要考虑的,甚至还要考虑读者买书的场景。

我策划的"雅活书系",也是针对某一部分特定人群来做的,这部分人就会觉得"雅活书系"的每本书他们都喜欢。所以书系里的每本书,品位和气质都差不多。

一本书无法让所有人都喜欢,换言之,又要超级畅销,又要让普通读者和专业人士都觉得好,这是不可能的。有时候,"高级"一点的书也许是卖不好的,但是它最终会找到认可它的群体,使得它在某个小范围里又是畅销的。

我们做"雅活书系",就是定位于对生活品质要求较高的读者,他们对阅读的趣味也比较高,然后精准地为他们提供这样的阅读服务。

从出版的角度来说,就是产品的品牌定位问题。

我还记得《造物之美》日本行程结束前的第二晚,我们去超市买三文鱼刺身,还买了酒,我们就在房间里喝酒。当时蓝狮子做了很多商业财经类的书籍,如果只做这类书,内容会很"硬",不好读。我说我们可以做一个"美好书系",通过商业去介入生活,体现"商业让生活更美好"的理念。

所有企业的最终目的,也是让大家的生活更美好,我们其实可以从企业为生活创造更多美好的角度，去做内容更柔软、整体更有文艺气息的书。

写作可以是策划和训练的结果

何丹：这次日本之旅，我们每个参与者都很开心。因为去的人职业都不相同，在旅程中带来不同的视角，各有各的收获。

从我个人来讲，这次经历印证了我对这本书的策划思路是对的，不但整个策划圆满完成了，还交到了一群好朋友。

其实在此之前，我跟你的合作还是比较表面的，还不到相知的程度。经过这十几天的行程，我们吃喝都在一起，整个团队一路上都很融洽，这也让我们之间建立了更深的信任感。这本书出来得很快，我们是8月中下旬去的，回来就开始写作，到11月份定稿，过程很顺畅，大家配合起来很默契。

我觉得写作这件事情，是一个策划的结果，不是随心所欲的"我手写我心"，除非是个人的笔记。

写作首先要有顶层设计，即便是非虚构类作品的写作，也是沟通、讨论的结果。

周华诚：而且前期做的沟通越充分越好。

何丹：对，沟通越充分，创作越顺畅。对写作者来讲，这是一个训练的结果。像你说前面要阅读大量的材料，要去了解日本的文化，包括对"匠心"这个词的内涵，也要有很深的理解。同时，在写作过程中要使用自己擅长的表达方式。这种表达方式也是靠长期训练积累下来的。

创作看起来是每个人都可以去做的一件事情，但是它必定不能少了策划、沟通、讨论以及长期的训练，这样才会形成一个好的文本，从我对这个项目的体验来讲，这些都是很有必要的。

真诚的书籍具有强大的生命力

何丹：后来很多人都对这次旅程念念不忘，每年都要聚在一起。为什么它给人感觉那么美好？我们跟其他旅行团不一样的地方在哪里呢？

那就是我们有一个文化结晶，《造物之美》这本书。

这是我们跟其他旅行团最大的区别，而且这种美好在后来的好几年有很多延伸。后续一些产品的经验输出和复制，都来源于这个项目。这本书后来形成了社会影响力，里面写到的几位日本匠人被多次邀请至国内，一定程度上促成了中日文化的深度交流。很多人看了这本书以后，都按图索骥地去找那些店铺，买那些商品，甚至还有旅游达人把这本书当成旅游指南，也有写作者把它当成素材来用。

周华诚:这本书加印了好几次,前后大概有近百家媒体推荐了这本书,还有一些媒体刊登了读者写的书评。每一次媒体推荐,都是这本书背后的品牌的露出,这对品牌方起到了很大的宣传促进作用,这也是我们原先没有预想到的,这是书之外带来的。

在这本书出版的两年后,北京电视台有一个叫"总裁读书会"的节目,里面有一个首饰品牌的总裁推荐了这本书,在节目里讲了二十多分钟。后来这本书被评为节目的年度图书,他们还给我颁了一个奖。为什么举这个例子呢?对这本书的品牌方来说,这本书不但让普通读者看到了自己的故事,也让品牌方在企业界得到了关注和肯定。

何丹:这是我们从实践、观察和实地采访中得来的一手材料,刚好在2016年的时候响应了国家对"工匠精神"的号召。可谓天时、地利、人和。

周华诚:书里都是鲜活的案例,不是人云亦云,也不是从资料到资料,而是我们实地寻访而来的。

何丹:它有一定的生命力。

周华诚:后来包括很多国内主流期刊也刊登了书里的主要章节。

何丹:在我的策划生涯当中,这本书也是我们共同创造的一个比较美好的事情。不仅过程很有趣,它的结果也很美好。

周华诚：当然这是各方共同促成的，尤其要感谢品牌方提供了一个非常好的机会，让创作者有一个比较宽松的自由度。

我记得我们在开定稿会的时候，我们和对方的代理公司聊了很久，他们的代理公司提了好多建议，比如说能不能把小标题再提炼提炼，显得更"金句"一些。

其实我最早的构想，就是把一些细节拎出来作为章节的标题，让读者能轻松地进入内容，凸显书的文艺调性。

品牌方听了各方的意见，说："这些意见都很对，但是我还是想听听华诚老师的想法，如果华诚老师还想再坚持一把的话，我们也尊重他的意见。"这是他的原话。

然后我就说，希望这些标题都保留原来的状态，不希望再改。最后品牌方就拍板了，尊重作者的意见。

当时我的确是很感动的，因为做一本企业定制书，真的需要充分的信任，才会有这样美好的结果。因为有一些细节，它没有原则上的对或错，但是一旦改了以后，就达不到应有的效果，书的调性也会发生很大的变化。

所以在做了多个企业图书项目以后，我们也得到一些经验。在前期充分了解客户需求的基础上，如果能够提供超出他预期的结果，那是最好的。如果他原先有一个目标,你在过程中完全跟着他的目标走,他就会觉得你达不到他的要求,这就比较难合作了。

何丹:换一种说法,就是我们要帮他做增值,从他的角度来讲,就是我们能不能从专业上支撑他。

周华诚:对,这也是体现我们专业能力的部分,否则你就没有用你的专业能力去说服他。一旦能够建立这样的合作,他会觉得你更专业,这样才会把事情放手交给你去做,你才能提供一个更好的结果给他。

这对我也是一个很大的启发,有些时候如果条件不成熟,或者对方对于这个事情的考虑还不到位,我宁愿放慢脚步,在双方真正达成充分共识的基础上再来合作。包括我做文艺类的书也是这样,大家一定要有共识。

当然从那些匠人身上我也学到一点,就是可以少做一点,把事情做好一点。其实那些匠人和我们做书差不多。

何丹:他们的理念就是少即是多,慢即是快。

阅读和写作，能让我们更加贴近那些美好的事物

周华诚：我们当时寻访到一位做茶筒的匠人，他的店开在京都，创立于1875年，他使用黄铜、红铜、镀锡铁皮，全手工打造茶筒制品。因为工艺精湛、经久耐用，由其制作的茶筒被很多日本家庭视为传家宝。

我问他："你茶筒做得那么好，为什么不到世界各地去开分店？"

他说："我还是开这一间小小的店就行了。对于几百年来说，我在这二十年里把公司做得很大没有意义，做得再大可能几年以后也会倒闭，我现在要做的就是让它继续存在下去。"

对他来说，这就是成功。

这对我也有启发，他说不要把儿子的生意做掉，也

不要把孙子的生意都做掉，他是有保留的，让子孙后代都有生意可做，这真的很牛。

何丹：持续经营，这是一种人生的可持续性。很多人现在就是不断地透支，不断地花未来的钱，占有太多。

周华诚：其实可以慢慢地开一家小店，将来他儿子还能开，孙子还能开，都还能继续开这家店。

何丹：谈到可持续发展，特别是在转型升级的时期，我认为对转型升级的认知往往有一个误区，就是大家都在不断地研究，怎么制造更多性价比更高的产品，让老百姓不断地"买买买"。我们需要那么多东西吗？可能并不需要。

现在大家对消费主义开始有一些反思了。所谓造物之美、敬物爱人，就是珍惜每一件物品。如果你还在不停地"买买买"，一定还是在受焦虑驱动：感觉买得还不够，购物车还没有清空，还要买，甚至还要"抢"；没钱也没关系，可以通过各种平台先借钱，钱的问题都有人给你做好解决方案了。

"消费升级"的应有之义是什么？应该是让我们不焦虑。真正的"消费升级"是我们买我们需要的，买适合自己的，不需要买太多，但是在买的过程中是有愉悦感和满足感的。造物为什么要美？是要让我们能买到真正好的东西，这就够了。阅读和写作，能让我们更加贴近那些美好的事物。

第二章

保持一本书的尊严

对谈地点:浙江常山·稻之谷民宿

如何记录"一座正在迸发的火山"

何丹：2001年中国正式加入WTO，意味着我们开始拥抱世界了，商业环境以国际循环为主。忽然之间，国内对商业知识的需求就迸发出来了。

当年吴晓波老师从一名新华社记者，转变为一个财经作家。2001年他写的《大败局》出版，2007年《激荡三十年：中国企业1978—2008》出版，这两本书可以说是开创了中国财经写作领域的一种范式。

《大败局》这本书是具有开创性意义的，在那么早的时候，中国企业还是处在野蛮生长、蓬勃向上的时期，吴晓波老师已经在集中研究企业失败的案例了。《激荡三十年：中国企业1978—2008》是从中国改革开放以来，企业发展获得的成就这个角度来写的，应该说也是给吴晓波老师带来巨大声誉的一部作品。当然，为了写这本书，他也坐了几年的"冷板凳"。这两本书相当于是中国企业的两个面向，失败的一面和成功的一面。

《光荣与梦想》这套书，写作者应该都知道，作者以大量的美国报刊资料和采访材料为依据，运用新闻报道的特写手法，创造了一种全景式还原细节的历史写作手法，它是非虚构类写作的一个典范。

吴晓波以前是记者，他也研究过《光荣与梦想》这套书，当时他想写一本中国企业家版的"光荣与梦想"，纪念改革开放三十年，当然他成功了，《激荡三十年：中国企业1978—2008》获得了巨大的反响。

1984年被定义为"中国企业元年"，那些中国商业世界中的"巨无霸"，海尔、联想、万科、四通、科龙、健力宝均创建于1984年。大家发现商人和企业可以站到历史的舞台上了，企业家可以从意识形态的层面去表达自己了。吴晓波的《激荡三十年：中国企业1978—2008》让很多商业人士开始觉醒，他们开始意识到自己办企业的经验、企业文化和企业发展历程，可以以书籍的方式记录和传承下来。

周华诚：商人走到了历史舞台的中间。

何丹：是的，开始有很多企业找过来了，找到了吴晓波老师，也找到了蓝狮子，蓝狮子的商业出版业务就这样应运而生。

我 2011 年加入蓝狮子,一转眼已经做了十多年。通过商业化运作,企业委托我们,我们以团队的形式来做。这跟个人化的写作不太一样,团队包括主编、策划、主笔人、项目管理人员,甚至还有一个项目方的团队,大家一起协作完成。然后每个项目的周期也有长有短,根据项目的体量大小、复杂程度来策划采访周期。项目资料都是来自企业官方的一手素材,基本上每个项目起码采访五十人以上。

我记得采访人数最多的项目是施耐德电气,一家全球化的电气企业。当时正逢其进入中国二十五周年,想做本书,我们总共采访了二百八十人,前后持续了一年多时间。还有吉利汽车的《新制造时代:李书福与吉利、沃尔沃的超级制造》,这本书采访的人数虽然没那么多,但是,因为沃尔沃是在欧洲,这本书的时间跨度和地域跨度都很大,我们去了欧洲好几个城市,所以操作周期比较长。

总的来讲,这些项目是一个团队配合做出来的产品,它的个人化写作特征和写作意志就不是特别鲜明。

吴晓波老师的《腾讯传:1998—2016:中国互联网公司进化论》是我们 2011 年开始立项做的,当时腾讯遭遇了"3Q 大战"(即腾讯与 360 之争),社会舆论普遍对他们有一些误解,马化腾在 2011 年的时候宣布腾讯要打造一个开放平台,扶持所有合作伙伴再造一个腾讯。当时腾讯委托我们把这段发展历程记录下来,向公众解释腾讯到底是一家什么样的企业。这个项目一做就做了五年,做了这么长时间,这本书才出来,原因是什么?就像那本书的序言里所写的,它记录的是"一座正在迸发的火山",你怎么去记录?

2011年腾讯开始做开放平台,2012年微信开始崛起。原来腾讯以QQ生态为主,后来出现了微信生态,包括后来又形成一个投资生态,所以腾讯是一个急速变化和快速发展的企业,是伴随着移动互联网成长的巨头。所以在写作过程中,你观察的视角和记录的东西,它的性质和效益都在发生巨大的变化,跟你一开始静态的认识都不一样。

周华诚:你这边在写,它那边一直在变化。

何丹:变化比较多,从写作难度上来讲,是有挑战性的。我们也碰到过有的企业项目正在进行过程中,结果发生了一个巨大的事件,可能把项目以往的一些定义全部推翻了,导致书出不来,所以商业的事情确实是变幻莫测,而且它的不稳定性很强。

中国的企业家可能是世界上抗压能力最强的企业家,中国的创业者可能是世界上顶级的创业者。他们面对的这个市场具有高度的不确定性,而且竞争极其残酷。

周华诚:你讲到的这一点,很可能是财经写作领域会碰到的最大的问题。比如说我们写过去一百年的事情,它比较好写,因为已经盖棺论定了。但是当下正在发生的事情,它的性质,甚至大众对它的认识,都在不断变化。

举个例子,共享单车。当时共享单车刚出来的时候,我们也想去做报道,但是很快发现,前面刚写完,后面就"打脸"了。因为前面还在赞扬共享单车怎么怎么好,过一段时间就发现废弃的共享单车已经堆成山了,这件事情处于一个不断变化的状态。

商业写作的原则

周华诚：你认为在商业写作上，我们怎么才能去规避像共享单车这样的情况？

何丹：怎么才能不"踩雷"，是吧？百分之百不"踩雷"也很难。但我们比较幸运，这样的情况相对比较少。因为我们的优势在于我们是有一定的观察视角的，能对事物有一个基本的判断。

在这里可以跟大家分享几条蓝狮子制定的创作原则。这些原则对我们团队来讲是"本"。我们做的虽然是商业创作，但也不完全是以委托方为准的，而是坚持一个第三方的视角和态度，这么多年我们一直在坚持。

第一，尽量走进公司的档案室。尽可能多地占有一手素材，保证案例故事都是真实的。

第二,距离公司一步之遥。保持创作的客观性,始终注意不应该丧失对真实的尊重。

第三,不要被眼前的新闻事件所迷惑。对于新闻的迷惑性与影响力保持理性与清醒,过于冲动的论断绝不可取。比方说你刚刚提到的共享单车,舆论有一个变化的过程,但是我们不要被眼前的这些说法迷惑,要理性地看待。

第四,没有公共研究价值的公司隐私不应该被披露。举个例子,我们采访的时候发现某个企业的创始人在私德方面有很多八卦新闻,要不要写?从公司的公共价值来讲,这是无关的内容,我们没必要去披露这些东西。虽然对公司隐私权的界定是一件困难的事情,但从道德层面上讲这是确实存在的。我们每次都会跟委托方签订保密协议,因为我们不可避免地会触及一些非常深入、隐秘的信息。比如离职员工的意见纠纷、公司的财务指标,甚至公司当年在灰色地带的一些特定做法,等等。对于这些信息,我们要采取一种历史的、发展的眼光看待,我们认为公司也有它的隐私权。

第五,一家优秀的公司必须拥有自己的坐标系。任何公司的公司史,其实都是一部当代史。从特定的历史时代背景和产业节点上去描述一家公司,这是我们创作的起点。不能孤立地去看待一家公司,必须找到属于这家公司的坐标系,找到它的社会价值。

第六,大部分图书都是速朽的,特别是财经类图书,只有少数的经典会留存下来。所以我们的第六条原则,具体就是我们出版的图书至少要经受五年的时间考验。图书的内容成不成立,就看它能不能经受五年时间的考验。

周华诚:想五年以后的事情已经超出不少人的预期了。

何丹:对,在中国有百年的品牌,但是从现代公司治理结构的角度来讲,百年的公司屈指可数。

写作公司题材的作品,难免踩坑。

我举两个例子,第一个是写瑞幸咖啡的。实际上他们之前也通过一些渠道来找过我们,我们当时觉得自己可能也没能力去把握这个内容,所以没有深入去谈。那本书的作者一开始挺高兴,因为他写的是一个新兴的互联网模型,在当时称得上是"新经济"的代表,写了以后他就在自己的微信公众号上一直推,结果不到两个月的时间,瑞幸就爆出了负面新闻,产生很大的影响,反过来对这个作者也有很大的影响。

周华诚:书还在卖吗?估计卖不动了。

何丹:也有人买,我一开始也没买,但出了事就想赶紧买一本回来看看。我个人觉得写得还是挺不错的,蛮有才气的一个作家,但是踩了个坑。

还有一个写的是乐视。乐视当时委托了一位做咨询的博士来写,书出版的时候刚好是乐视危机开始发酵的时候。但是它的副标题起得很好,给人一种探讨"当乐视失败以后我们还会想起什么"的感觉,这就很讨巧。当然,我觉得乐视也有一定的写作价值,乐视的失败可能是它的资金链和商业模式之间的匹配性的失败,不代表这个公司没有研究价值。

周华诚:这也是一个在这个时代的浪潮中变化的案例。

何丹:我们在这样的时代浪潮中,在创作的时候,很难避免公司忽然发生巨变,但是我们首先要有包容的心态,因为企业跟人一样,也是有生命周期的。花无百日红,百年后还会有几家企业活着?你去看美国的世界五百强企业排名,十年前和十年后的名单也是发生很大变化的。张瑞敏讲过一句话:"没有成功的企业,只有时代的企业。"

对创作者来讲,这也是一个启示,我在前面六条原则里也讲了,就是要尽可能的客观真实,保持独立性。大部分委托方都希望能写他们成功的故事,写他们有价值、有创造力的一面,我们经常跟委托方讲,作者可能不是什么都写,但写的一定要是真话。一本书短则十来万字,长则二三十万字,它所表达的内容不可能穷尽,肯定会有一个表达的重点。所以对写作者来讲,企业图书的创作肯定有风险,特别是在经济周期越来越短的情况下。

我以一个出版人的身份,陆续参与过好几本企业图书的创作,其中有主动的,也有被动的。

最早我是被动的,原来我是以策划者和项目管理者的身份参与项目,被动的原因是那本书具有一定的挑战性,当时作者精力、时间没有达到企业的要求,我们就做了搭档,一起写书。写完三本书以后,我发现自己的研究和创作方向可以用"企业变革三部曲"来定义。为什么这样讲?刚好写的这三家都是很有意义的企业。

第一本写的是一家国企,它的历史遗留问题比较多,书名叫《改革方法论:海南农垦改革风云录》。这本书讲这家国企通过现代治理制度的变革,通过资本市场的IPO从而实现企业的转型升级,这是国企改革的主题。

第二本写苏宁易购,苏宁是中国规模最大的线下家电零售连锁企业之一,致力于转型成为一家互联网公司,这是一个传统民营企业向互联网企业转型的案例。

第三本写吉利汽车,吉利作为一家民营企业,市场化程度和经营效率都比较高,但因为有诸多限制,发展存在瓶颈。那要怎么突破?它通过一种新的方式,通过资本并购的全球化,实现了自己的品牌升级、技术升级，以及全球市场的升级。

这三个案例是不同的类型，代表了国内企业在转型升级上的三种路径、三个方向。

除了我自己写作之外，实际上我每年要管理十几个项目，还要去接触一些有合作意向的企业，算下来这十多年我大概调研走访过近五百家企业。对我个人来讲，在这个过程中，我不断地获得了商业上的鲜活认知。

所以做完"企业变革三部曲"以后，我自己也面临一个升级的问题，在个人认知上需要一些新的挑战，因为不可能一直做简单的重复。

后来我尝试写了《大国出行：汽车里的城市战争》。这本书从产业和城市的角度，写汽车行业的变革和城市转型的问题，实际上是个很大的主题。封面上有一句文案："工业化进程中的崛起、陨落与对抗。"

中国正在经历人类历史上最大规模的工业化与城市化。汽车产业作为国民经济的支柱产业，其布局、暗战、竞争与合作牵动着城市的崛起、陨落与重生。作为一个历史商业地理的观察者，我们循着长春、十堰、重庆、柳州、上海、杭州、粤港澳大湾区等代表性区域的汽车产业图谱，从历史、当下、未来三个维度回顾与展望中国汽车产业。出版《大国出行：汽车里的城市战争》，意味着我开始从单一的企业观察，进入了对整个商业地理的产业观察。

为什么要做出版

周华诚：近几年有很多城市传记出版，比如《北京传》《南京传》《深圳传》……但是这些书不像原来那种写城市历史的书，要从城市历史的源头开始写，而是写城市的一个片段。可能就截取这个城市三段最重要的发展史，用《光荣与梦想》那样的写法，这样的书忽然冒出来很多，有些甚至是很知名的作家写的。

你刚刚谈到从汽车的角度去写城市，如果能从经济、产业等角度去切入，说不定也会写出值得期待的作品。

何丹：以前写城市的书有很多，大部分是从社会风貌、人文历史去解读城市，现在涌现了一批写城市的断代史的作品，这是好事情。还有些是从商业的视角来写的，比如深圳，它原本是一个小渔村，通过商业的力量，承载了中国商业文明的崛起，才成为世界顶级的城市。南京拥有一批文化地标和作家，所以南京的城市传记人文色彩更强一点。

我认为"城市学"在中国方兴未艾，甚至"中国学"本身在世界上就应该是一个显学，包括商业模式、社会变迁、政府研究等等，不仅有成功的部分，还有失败的部分，都是值得拿来观察、写作和研究的，有独特的价值，特别是在一个巨变的过程中。

这种有特定写作对象的类型写作，比如说写企业、产业、城市，甚至写一个国家，它会是非虚构写作里一个越来越重要的门类，写作的方法论也有值得探讨的共通之处。

这样一个从微观走向宏观的过程，于我个人的出版经历而言，也是一个很有意思的历程。

出版是一件周期很长、效率并不高的事情。我做一个项目费了老大的劲，可能别人在另一个行业里面也费劲，但是他的杠杆比我大得多。写书本身是没有杠杆的，写一个字就是一个字，出版一本书就是一本书。

周华诚：这也是一个很好的话题，出书那么难，写作那么难，为什么还要做？

何丹：我也想讲讲这个话题，我以前在企业待过，在媒体也待过,为什么后来要投身这样一个行业。

首先这跟我本身喜欢读书有关系。我从小就觉得读书是一件很美好的事情,能写书当然更好。毕业以后,我到大企业上过班,知道企业大概是怎么回事,又在媒体待过,知道写作和管理大概是怎么回事,最后聚焦到了商业写作的图书项目管理上来,刚好把我以前的经历做了一个很好的结合。

周华诚:一条是理论上的,一条是实践上的,两条汇流了。

何丹:对,首先是和我个人的兴趣相符。那为什么能坚持这么久?我想分享几个小故事。

在我还年轻的时候,有一次我和爱人去电脑城买电脑,那时候笔记本电脑很贵,我们在那里挑了半天,最后虽然花了一大笔钱,但买好了还是很高兴的,我们就到马路对面的餐馆吃饭,想庆祝一下。等菜上来的时候,我透过餐馆的玻璃,看到外面有一个人,大冷天穿得很单薄,说他是乞丐吧,但他也没有在要饭。那时候天已经很冷了,他穿得很少,抱着胳膊瑟瑟发抖,在店外面踱来踱去,走过来就朝我们看一眼,看我们在那里吃饭。

看到他这样我心里就发毛,然后我就把服务员叫过来,给了他五元钱,我说你把钱给那个人,让他去买点东西吃吧,天这么冷,他可能太饿了。

服务员就去把钱给他了,回来的时候对我说了一句:"好人一生平安。"

当时我心里咯噔了一下,想是不是钱给少了。2006年,五元钱是能解决一顿饭了,但是后面怎么办?那时候我不到三十岁,还挺年轻。我在想他为什么会有这样的境遇,看起来不像乞丐,也没什么毛病,为什么会落魄至此?然后我就想:人这一辈子到底应该干什么?要怎么做才可以去面对人生中这么多的挫折?

周华诚:人何以自处的问题。

何丹:这个场景一直在我脑海里,我觉得这件事肯定对我有很大的影响,但是到底是什么影响,我到今天还没有想得很明白。

周华诚:有一点非常清楚,这个人对你的影响绝对不止五元钱。

何丹:肯定不止五元钱,因为我到现在都记忆深刻。

第二件事发生在我到蓝狮子之后,给我的印象也很深刻。

当时我去见一个客户,谈一个出版项目,中间空当我去上洗手间,接到一个电话,是个房产中介。对方跟我说了半天,我听完了,说:"谢谢,我不需要。"然后我就挂了电话。

后来那个中介给我发了一条短信,大意是:很感谢你，我入行这一年来，打了无数个电话，你是第一个跟我说"谢谢"的人，我一定会坚持下去的。

听起来就像童话一样。我跟你讲，这是真实的事情。

周华诚：哈哈哈，十年后，这个人心里想，都怪当年那人跟我说了声"谢谢"，害得我到现在还没离开这个行业。

何丹：我对这件事情的感触是什么呢？任何人都有难处，其实任何一份职业都不容易，你但凡受到些许的鼓励，事情可能就会不一样。

这两天我看一篇文章，罗振宇说他把多年合作的数据服务商阿里云换成了华为云，把每年几千万元的订单给了华为云。华为云并不是国内最大的数据服务供应商，而且这不是一笔小生意，关乎公司的数据命脉。关于为什么换成华为云，他讲了个故事。

华为云的销售给他写了封邮件，邮件内容大体是说：第一，我们华为云做事情不是要赚客户的钱，而是要帮客户赚钱，听说"得到"App最近要做"to B"（面向企业）的业务——企业知识服务，我们本着负责任的精神，从我们服务的客户里面精挑细选，替你们找了一家客户。这个业务我们已经帮你谈好了，只要你愿意，五百万元的订单马上就可以签。第二，你不要因为我们介绍业务给你就有压力，不要有顾虑，这跟我们之间的合作没有关系。第三,我们华为云的总裁、副总裁都是"得到"App的用户,他们特别关心这个业务的发展,所以如果我们能够达成合作,必然会投入最好的资源。最后,你拒绝我们一百次也不要紧,我们会再沟通第一百零一次。

为什么我会想到这个故事?因为当你在和别人谈合作的时候,对方这样去帮你,给你介绍业务,你也要反过来想一想对方的处境是什么。我们都会碰到很多困难,但是我们碰到困难的时候,可能会去怪对方哪里没有做好。但实际上我们应该想一想,我们千万不要用自己的难,去难为别人。

中介给你打电话的时候,你会觉得很烦,但是当你懂得跟对方说一声"谢谢",一个很微小的动作,可能会让对方产生一种很大的效应。所以说,不管怎么难,都不要相互为难。有时候你想想别人,再想想自己,有些事情就想通了。

在工作中碰到难处的时候,我就会去想这些事情,想起这些经历给我的感触。

能够让我在这个行业里坚持不懈地走到今天,还有另外一件事情。

有一家家居连锁企业邀请我去北京讲课,他们刚好也在做战略转型,需要外部的讲师和案例。我讲了一上午,讲完以后他们中的一个常务副总裁过来和我交流。他就把我参与创作的一本书拿出来,跟我说这本书他看得很认真。我一看,他手里那本书跟学生的教材一样。红笔画完蓝笔画,蓝笔画完铅笔画,上面圈圈点点的,看得我心里一惊。

周华诚:是不是错别字被人家发现了?

何丹:错别字倒没有,我想幸亏做这本书的时候还比较认真。

周华诚:否则就被人看出来了。

何丹:否则对不住读者,他是真正有需求的。你要给他一些干货,一些真实的东西,让他读完有所收获,这个很重要。

所以我说幸亏当时还比较认真,否则不是误人子弟嘛,不是害了别人嘛。

周华诚:对。至少是"谋杀"生命,浪费时间。

写作和出书,在历史中留下一朵浪花

何丹:如果你写的书不行,你就可能会被读者指着鼻子问:"你这是写了些什么东西?读了一点收获都没有。"

所以现在我们在做业务的时候,但凡听到有人对写作有比较轻佻的说法,我就举这个例子。不管这本书能卖多少,它只要出版了,就具有公共意义了,就有人希望从中吸收营养,读了有所得,对吧?这是很重要的职业操守的问题,这不仅仅是为了交付甲方的委托,更多的是真的有一批需要学习的人在关注这些事情,你就会觉得出版虽然显性的杠杆很小,但它隐性的杠杆很大。它在传播知识,一本书在育人、启发人这个意义上的价值,一般人是看不到的,但不意味着它不存在,它是真实存在的。

周华诚:因为我们都做过媒体,然后转型做出版,从某种意义上来说,做书比做媒体对人的影响要更深远一些。而且对于我们个体来说,我们在做新闻的时候没有这么深刻的认知,并不会觉得我写篇新闻稿会对读者产生很大的影响。但是做书以后,你会发现很多人在好多年以后还记着你那本书里有什么内容。

何丹:真的,所以出版让我学会了对人的尊重、对写作对象的尊重、对书的敬畏、对万事万物的发展心存敬畏。可能在我们的认识里面,觉得这个内容的价值和意义有我们认识不到的地方,有浅薄的地方,但不意味着这个内容就是没有价值的,没有需求的。这些一定有,无非是我们如何去挖掘和发现,并且将其传递到需要的人手上。这是每一个写作和出版的人都必须肩负起来的使命。否则说句实话,一个不怎么挣钱的行业何必要做呢?就是因为其中有一些看不到的,或者长周期的价值存在。我们做出版还是要从历史的视角来看待事情,要对历史负责任。

周华诚:在历史里留下一朵浪花。

何丹:企业史在某种意义上是在定义和记录某个行业历史上有贡献的人和事。

周华诚:一本书很有可能成为企业某个阶段的定论。

何丹：从价值感来讲，能够从事出版行业是符合我初心的一件事情。

周华诚：以前没有想过会做出版，对吧？

何丹：我以前从事写作工作，后来做着做着，写作反而成了第二位的事情。去出版更多的书，成就别人，成了我排在第一位的事情。

周华诚：结果没想到是用一种知识的方式，或者说用做书的方式，参与到中国商业文明进程当中。

何丹：如果成为一个纯粹的企业人，那就是一种起到直接推动作用的商业实践，而我是用一种知识的力量，相信多多少少还是起到了推动的作用。这也是我能够坚持到现在，没有想过离开这个行业的动力所在。

周华诚：看来是要以出版人的身份退休了。

何丹：身边那么多人来来往往，在商业的旋涡里我见证了很多人的起起落落，有的人迅速成功，也有的人很快败落。以书为载体，做这样的商业观察，还是有一定定力的。在旋涡当中我没有被完全地卷进去，变成另外一个人。

如何从普通的题材中寻找独特性

周华诚：我的理解是这样的，一个人的胸怀，包括他的世界、他的思想，是非常大的一个整体。至于他是选择用写作来表现，还是选择躬身入局去做事情，甚至可能选择了另外的艺术表现形式，都是人整体世界的表现，可能人在不同的阶段，有不同的表现方式。

我做"父亲的水稻田"项目也是这样。在我老家衢州常山那样一个不知名的小村庄里，小小的一片水稻田，要让全国各地的人都来关注，其实是很难的。我们出去采访也一样，比如说你写一个小村庄里的一个事件，怎么才能挖掘出那个事件在更大范围内的意义？比如说写一个匠人，他可能在做一件很普通的事情，例如他就做一个普通的茶器，全国跟他一样的人有很多，那怎么把他写出来,让别人看了以后觉得这个人很独特呢?我们经常去县城采风,一行人中可能有七八个作家,那你怎么样才能发现一个独特的角度呢?一个省里的典型上省里的报纸是相对简单的,一个衢州市的典型要上《衢州日报》也是相对简单的,但是一个村里的典型,要上全国的媒体就很难了。

这和我们做书有一点是共通的,用一个个体的题材、一个小地方的题材,挖掘出一个点来,让这本书能在全国畅销。它需要具备独特性和典型性,哪怕它本身是一件小事情,但是能够让更广泛的人群产生共鸣,至少情感上是能引发大家共情的。

举个具体的例子,比如说《手艺:渐行渐远的江南老行当》这本书,写的是一批老手艺人。这些老手艺人其实都奔走在乡间道路上,他们的平凡生活里面没有多么出彩的地方,他们中有些人甚至生活得很艰辛,他们是最底层的一批手艺人,作者王向阳就写了这样一批手艺人。

如果只是介绍这些手艺的话,它可能只在本地有意义。这本书原来的书名叫《浙江浦江手艺人生存状况调查》。这其实是一个很小范围内的社会调查,作者的写作风格本身是非常朴素的。作者的写法和我们现在大多数人的写法不一样,现在很多作者写手艺人,是去展现手艺人的技术、技能,然后展现手艺人对手艺的看法、对生活的看法,而且风格会偏时尚一些。

《手艺:渐行渐远的江南老行当》这本书里的这些手艺人,甚至都不知道自己还有被记录、被传播的必要,他们都是普通的劳动者。比如说里面有烧炭的人,有木桶匠、银匠、石匠、泥水匠、木匠,还有裁缝、弹棉花的人,还有阉猪的人(给猪做"计划生育"的人)。这种工作本身不具备任何的时尚感,就是生活的三百六十行里面必不可少的一个行当,但是这些手艺人现在慢慢地消失了。作者王向阳去采访这些人,其实是记录了这些人的生活经历,他把他们过去是做什么的,后来是做什么的,生活里头遇到的各种艰辛、变化都记录下来了,反而没有怎么去介绍他们的手艺,比如说,他没有去写阉猪应该怎么阉。他的写作更偏向于一种社会人文性质的记录。

作者王向阳的写作角度和他关注的点其实是很小的,就是一个县城里的媒体人写他自己的老家是什么样的。因为他有这样的生活经历,他的记忆里有很多这样的人,但是当他现在回到村里,已经看不到这些人了,或者看到的这些人已经年纪很大了。作者自己就是木匠出身的,家里也有好多人在做木匠,包括他的父亲。作者说如果自己没有去外面的城市工作,他也会成为一个木匠。

手艺人有自己的规矩。比如说木匠在人家家里打家具,要住上十天半月,木匠师傅和他的徒弟应该怎么吃饭,以前都是很有讲究的。比如说碗不能发出声音,师傅没有上桌,徒弟就不能上桌,师傅把碗放下之前,徒弟一定要先把饭吃好了。包括师傅一定要等主人家叫上三遍以后,才能放下手里的活去吃饭,不能还没叫你就去看饭熟了没有,绝对不能这样。如果主人做的菜中间有块肉,一定要等全部完工了,最后那顿饭你才能去吃那块肉,还没完工是不能吃的。

这些其实也是做人的规矩。虽然是在传统社会环境里面养成的一种习惯,但是渐渐地就变成这些手艺人必须遵循的道德规则,那本书里都有写到。

何丹:每一行都有自己的规则。

周华诚:以前的社会特别注重这些,尤其是那些手艺人,每天穿街过巷,要到人家家里去干活,吃百家饭的,所以他要建立良好的口碑,要给主人留下勤快、安分守己的好印象。这样大家才会对他的手艺和为人赞誉有加,对于他未来的生计才是有帮助的。一旦这个人哪里做得不到位,下次人家就不帮你介绍客人了。这是他的立身之本。

其实王向阳关注乡土题材好多年了,之前也写了四五本书。他写过梨园唱戏的题材,也写过20世纪70年代的社会记忆。我们是在一个活动上认识的,他跟我说他在写一个浦江当地手艺人的题材,我说你写完给我看一下。大概半年之后他说已经写完了，想找我聊聊看这个内容怎么样。

我拿到手艺人这本书稿的时候去查了王向阳之前书的销量，觉得不是特别理想，因为那些书的定位以及对读者群的界定是不清晰的。我们有的写作者，以前出书都花不少钱，包括书出版以后自己要回购，到后来其实不太能找到出版方帮他出版。你要花很多钱才能去出一本类似于《浙江浦江手艺人生存状况调查》这样的书。

所以我当时就想，哪怕是写一个地方性的题材，这本书也不能做成地方性的定位，一定要把它做成全国性的，要让全国的读者都感兴趣，要挖掘出这个题材背后共通的东西。

外地的读者看一本关于手艺人的书，他关注的绝对不是这个地方的手艺人怎么样，而是手艺人这个群体背后有哪些人文知识，体现了什么样的情怀。每个人都有故乡，大家对故乡是有同样的情怀的，抓住这一点就抓住了这本书的价值，所以后来我们在做这本书的时候就弱化了浦江地域的特点。

从这本书最终呈现出来的样子，完全看不出作者写的是浦江的手艺人。我觉得这不重要，比如说浦江和常山这两个地方的手艺人，你说他们之间有什么本质上的区别吗？可能也没有什么区别。作者当时选了这一块地域,只是作为一种研究方法,其实不管是哪里的手艺人,在全国范围内都是有意义的。

王向阳的写作方式很朴素,没有那么多华丽的辞藻,正是这种平实,与手艺人的生活相称。我在序言里主要表达了一个观点,这样的写作是作者对自己故乡的一种探寻,他从中找到了一条返回故乡的道路,用文字的方式返回故乡。

这本书出版三个月以后就加印了,卖得挺好,销量在"雅活书系"里可以排到前五位。

为什么会讲到《手艺:渐行渐远的江南老行当》?因为做这本书的过程有一点可以拿出来探讨。写作者常常会关注到自己的那一块区域,那关于这块区域的某一个题材的作品最终要怎么出版,对这方面的思考是很多人都比较欠缺的。

就写作本身而言,可以写大,也可以写小,这都没问题。但写了以后要出版,出版物是一个面向公众的产品,这本书是要在更大的范围内去传播的。怎么才能让人买这本书,或者说怎么样让全国性的出版社愿意出版这本书,是需要有说服力的。

书稿在我手上放了有两个月。我经常想这本书应该怎么做,因为不可能按照《浦江手艺人生存状况调查》这样的定位出版。后来我把副标题里的"江南老行当"这个概念拎出来,我觉得可以把它扩展为一种江南

的生活方式,可能跟北方的手艺人的生活方式不一样,
江南其实也是一个比较大的范围。这就是一种策划
思路。

书怎么实现最佳传播

何丹:聊聊"乡居文丛"这套书吧。

周华诚:"乡居文丛"本来是写河北雄安新区地方文化的一套书,当时是河北云乡居文化发展集团有限公司的一位很有文化情怀的董事长路景涛找到我,想出书。他既开酒店,又做民宿,然后也做一些乡村建设的事情,还做投资,涉及的领域很广,也很有意思。

因为《造物之美》那本书,我带队去日本做了一次手艺人的寻访,当时他们集团有一位总经理参与了那次活动。回来之后,那位总经理向路董事长介绍了我,路董事长联系我:"我邀请你下周就来,我们聊一聊。"我当时正好在北京,离雄安还挺近的,就抽个时间去了。我们聊了以后,他觉得我提的一些想法非常好。

吃饭的时候我提出来："您可以做一套书,来梳理雄安当地的文化,来提升企业的整体定位。"

他觉得太好了,他做了那么多经营方面的事情,从来没有人提出这样一个观点,帮他来梳理这些东西。我们还在吃饭,他安排总经理通知所有公司中层,让我去给他们上一堂课。

当时有三四十个人在那里听,讲完以后,他就让我帮他们策划一下,出几本书。他给我看了一些现成的调查资料,我觉得内容过于庞杂了。以往地方政府或者宣传部门做一本宣传本地文化的书,通常都是这种做法——把各种庞杂的东西都放在一本书里。我们到全国各地的酒店去住宿,或者到各地去开会,主办方往往会发一本这样的宣传图书。书里是有关这个地方的文化拼盘内容,这样的书其实没办法在市场上销售,只能赠送,它的传播范围是有限的,传播效果可能也不理想。

我说:"这样的书已经出了很多了,如果我们要再做一本雄安地域文化的书,就不应该是这种做法,我希望这本书能够在全国范围内去销售,去传播,达到更理想的传播效果。"这个观点路董事长非常同意,他说他们做这本书最想达到的目的就是传播。

其实各地政府部门要做书,都非常想达到传播的效果,因为做书本质上是为了传播,但是这些书往往缺乏有效的传播手段,也缺乏有效的策划经验。我们做了很多这样的策划,其实都是奔着传播的目标去的,包括写临安民宿的书《山野民宿:从山中来》《山野民宿:到山中去》。

当时我看了资料内容,梳理出四本书的结构。第一本是《渔猎:消逝的渔歌》,讲的是白洋淀渔民打鱼的生活。当地人觉得打鱼是一种很寻常的生活方式,他们只是在过普通的生活。如果把它作为一本书里的一个章节来采写,是比较容易实现的,但是要把它写成一本书,还需要好好地下一番功夫。

第二本是《苇编:以手抵心的生活》,讲白洋淀的芦苇。当地的渔民会把芦苇拿来编织成各种各样的生活用品,苇席、苇箔、鱼篓、虾篓、芦苇椅……甚至在造房子时用作遮风挡雨的建筑材料。后面还发展出来用芦苇做的手工艺品。

第三本是《柿曲:一枚果实的巅峰时刻》,这本书很有意思,整本书都是讲柿子的。柿子沟是一条以出产柿子著称的山谷,路董事长他们在这个地方开了一间民宿,未来还会布局新的产业,建设民艺博物馆、马术场等,想把那里打造成一个"桃花源"。

我们去那边看的时候,发现这条柿子沟里的民众的生活是和柿子紧密相关的,在乡村振兴的大环境之下,这里迎来了新的发展契机。我做了非常详细的采访,写了一篇稿子叫《一条柿子沟》,后来这篇文章在《人民日报》刊发了。路董事长他们在那个地方做了那么多年的经营,《一条柿子沟》这篇文章直接写到了他们在做的事情。这篇文章在《人民日报》发表以后,他们马上做了第二轮传播——"柿子沟上了《人民日报》",后来省级媒体、市级媒体也纷纷跟进报道。媒体的持续宣传让他们整个产业布局直接走到了大众的视野当中,可以说对他们的事业发展是有帮助的。

在媒体宣传的同时,我们也在同步商定合作,春节放假的时候还在讨论方案,过完春节刚上班,双方就把合同给签了。然后我们在当年的 5 月初,就把四本书的内容创作全部完成了,2018 年 9 月份,书已经印出来上市了。

何丹:这个速度挺快的。

周华诚:之所以能这么快,是因为我们在做整个架构之前思路非常清晰。首先,这套丛书的定位是要走市场的,它不能仅仅立足当地,也不能仅仅将眼光围绕着甲方,我们要做一个完全独立的传播。只要把这些内容传播好了,就是对当地文化和甲方需求的一种回应,我们能达到的效果就一定会超出地方原来的想象和期待。其次,我们要有充分的引领性,这个基础在于,我们做这套书有非常强的专业性,我们的认知也非常到位。有了这些基础以后,路董事长他们给予了我们充分的信任和认可,这样的话,后面实施起来就非常迅速了。

合同签订之后,我大概花了十多天的时间,把四本书的架构全部列出来,包括书系名称、每本书的书名、每本书的内容简介,甚至是每一个章节的名称。然后我再去找合适的作者,联络我的作家朋友,拉了十几个人的创作团队,分头敲定采访时间,四本书的采访工作是同步进行的。

对作者来说,他们参加过很多采访活动,以前经常有人四五天转下来还不知道要写什么。而这一次,因为我们前期策划工作做得很充分,作者就觉得非常明确。有哪些内容要采访,哪些人要去见,我都列出来了。在出发前思路就很明确,这样大家去采访就会非常有目的性。

当时我没有把整套书的内容告诉每一位作者,只是分别告诉他们写哪个章节,但是我自己心里有一张大的规划图,每个人的稿子写出来以后,要放在哪本书的哪个位置,在我脑子里面都很清楚。

到了4月底,所有的稿子都收回来了。其中有一部分是现场采访后完成的稿子,另外一部分是约稿。比如说,在《柿曲:一枚果实的巅峰时刻》这本书里,有一章是讲各个地方的柿子的,这一章就是约稿。书中每一篇文章角度都不一样,比如《不说"柿"》这篇是从

"柿"这个字的结构来讲"柿"字的起源的,作者查了很多资料。此外,书中许多文章的作者都是我的朋友,我知道他们所在的地方的柿子是有名的,像浙江台州、北京、陕西富平,我就跟他们约稿,让他们写写当地柿子的故事。

除了自己的作家朋友,我也联系了一些擅长写本地文化的作者。有一位本地的老先生,写作很多年了,写的都是他自己在白洋淀的生活经历,以及当地的一些风土民情,但是没办法出书,因为出书需要费用,老先生没有那么多钱。后来我专门做了一个章节,选了大概七篇文章,都是他的作品。我是在搜索各种资料的时候发现他的,然后联系上他,跟他聊了很多。他也很开心自己的这些作品可以在这本书里呈现出来。

这套书的第四本《素心:极简至美的时光》也蛮特别的。书里写了十几个人,他们是遵从自己的内心、追寻自己的热爱、一门心思做自己喜欢的事情,遵循这样一种生活方式的一群人。其中,有身心合一、念起念落、心到手到、物我两忘的制壶人,也有高山流水、万壑松风、苍苍茫茫、水光云影的斫琴师;有经历喧哗与骚动、笑看人生过眼烟云的玩家,也有在半醉半醒、半痴半真之间寄托人生理想的实验建筑师;有走很多路、去很多地方、看很多风景、遇见很多人的旅行家,也有不预设结果、不惧怕未来、坦然迎接每一个变化与明天的浪游者;有脚步坚定、心怀美好的志愿者,也有回归山野、吟唱日月的音乐人;有芥子须弥、微尘大千、与草相对的艺术家,也有放歌山林、与花缠绵、笔下大千皆是自我的思想者……

里面有一篇,是写路董事长的,我特别邀请了我的同学李小奔来写,要她跟着我们一起去采访。我给她的任务就是这几天只跟着路董事长,不管他去什么场合都跟着,几天下来,她充分感受到了路董事长的奔波和辛劳、精神与境界。

有次路董事长回去看他的老母亲,老母亲七十多岁了,躺在病床上,李小奔就看到他凑上去在母亲的额头上亲了一下。有很多这样的细节,能让你感受到对方不仅是一个雷厉风行的企业家,也是一个有血有肉的人。他的一辈子经历了太多事情,最潦倒的时候还讨过饭:身上没有钱,坐在餐馆边上,等着别人吃完了,他再去把剩菜端过来吃。路董事长说,连这种事情都做了以后,他就没有任何顾虑了,没有什么事情是不敢去做的了。那篇文章写得非常好,挖出了很多人物内心的东西,可以说是一篇非常成功的非虚构文学作品,是一篇记录了大时代下,一位企业家的工作与生活的好文章。

新闻和文学的不同价值

周华诚：我们的作家李小奔在写路董事长这个人物的时候，一开始也会想，一个普通的企业家值不值得花那么多精力去写。这和我们做书的经验是相通的，只要你挖掘出小人物身上特别闪光的东西，这种闪光的东西对于大众就有一种共通的价值，也是大家能够共同体会的，甚至能够让人从中汲取力量。如果能够把这些东西写出来，让大家有共鸣、有收获，那这样的策划就是成功的，图书也会是成功的。

一个人物值不值得写，不在于这个人生意做得是不是很大，企业有没有进世界前几强。哪怕这个人已经获得过无数表彰，获得过无数荣誉称号，如果没有把他的闪光点挖掘出来，那么仍然是不值得去写的。

所以从这个角度来说,文学和新闻不一样,新闻在于写作对象已经获了这个奖,然后大家去写他。文学反而不需要一个外部的表彰,或者说是标签,而是要考验作者自己的能力,考验作者能不能把写作对象身上的闪光点挖掘出来。每一个小人物身上都有闪光点,这就是我们认为即使一个小地方、一个小人物、一个小题材,也值得去深入挖掘的原因。至于能不能挖掘到,要看作者的本事。

何丹:你觉得怎么才能挖掘出小地方或者小人物身上值得写的闪光点?

周华诚:这就考验个人功力了,不一定都能成,也不一定成不了。

我写过一篇《寻纸记》,写造纸人黄宏健,收录在《素履以往》这本书里。其实黄宏健已经被很多媒体报道过了,《衢州日报》《浙江日报》都有记者去采访过他,最后都是写一篇新闻稿。

从新闻的角度,写作者会关注事实本身:黄宏健有没有把已经失传的纸再度造出来? 如果造出来了,外部机构对它的评价是什么? 这些事实对新闻来说是最重要的。

但是从文学的角度来讲,这些反而不重要,重要的是黄宏健身上的那种精神,那种锲而不舍地追寻的精神,还有他如何面对长久的孤独和寂寞,如何在人生的困境当中坚持下去,又如何最终从困境里走出来。这些是文学关注的要点。

所以哪怕一个人没有成功,最终失败了,也不妨碍他成为文学写作的对象。但是新闻就不行了,你报道一个人造纸十年,最后失败了,他还上了新闻,这不太可能的。文学有文学的价值,文学的价值就在于这个人哪怕失败了一次又一次,他也可以成为我们关注的对象,我们可以去写这种悲剧的力量。

我们看一些小地方、小题材、小人物的时候,需要用文学的眼光去评判其价值,然后把这个价值里面最重要的、最值得传播的、最动人的,还有最闪光的这些点挖掘出来以后,把它们放大,作品的文学逻辑就成立了。

我们写一个人物的时候,有时候可能要采访一天,可能你们把一辈子的经历都聊完了,你也写得差不多了,但是你就觉得还差一口气,因为就差闪闪发光的那点东西。

我去采访黄宏健的时候就是这样。他所有的故事,包括他以前开饭店、打井、开工厂这些经历都有人采访过了,用这些素材的话,这篇文章写出来,八十分也是有的。但是我一直没有动笔写,因为我一直没有找到闪闪发光的点。我真正开始写这篇文章的时候,大概已经过去半年时间了。因为我一直在想,一直在考虑以一个什么样的角度去讲他。

动笔开始写的时候,我发现我老是想起一个场景。他讲到有一段时间,好几年都没有研究出来如何制造想要的纸,于是他和妻子就搬到一个很深的山谷里面,远离整个村庄。因为大家都不理解他们,他就搬到那里去了。搬到那里以后,晚上会有野猪来"敲门"。

在那样的夜晚,人是会感到非常孤独的,因为不知道到底能不能把那个纸研究成功,不知道这个事情有没有意义。我就问黄宏健:"到底是什么东西支撑你继续走下去?"我想,一定有一种东西在支撑他继续做这个事情。我想,每个人一生当中都要面临几次这样的时刻,这些孤独的时刻怎么度过,决定了每个人不同的人生。而黄宏健选择了继续往下走,然后把要造的纸研究出来了。

于是,我就抓住了这个点,这是每个人都会有共鸣的。大家都有痛苦,都会面临人生的抉择。其实决定你人生走向的就是几个关键节点,看你在重要的时候怎么选择。可能选择往左走,是一条当官的道,往右走,就是一条出家的道。人的一生当中能导致人生走向转变的机会并没有很多,我觉得这个点能冒出来就好了。这篇文章如果没有这个点,就是平平淡淡地讲述了一个人的故事,它就"立"不起来,或者说没有新意。

因为有那样孤独的时刻，黄宏健研究出了所要的纸，反过来这张纸也照亮了他这个人。因为他把这张纸研究出来以后，他的人生完全不一样了。之前他是一个一直在黑暗之中的人，很灰暗，核心的点在于他熬过了最孤独的时刻。

这个点出来以后，我认为整篇文章的"魂"就有了，所以非常快就写完了。后来听说这篇文章打动了很多人。

我觉得就是这一点，我们常常会在生活当中去寻找那些闪光的东西。

其实写每一篇文章都很难。有的人觉得作为一个作家，或者你已经写了很多年，你是不是很容易就能写出文章？

其实不是的，每篇文章写起来都很痛苦，都需要寻找一个灵光一现的东西。所谓灵光一现，靠的不只是灵感，而是要时常去琢磨。

我们写一个千把字的小稿子，同样也需要一个点，只有这个点出现了以后，你才会觉得这篇文章是不一样的，你写出来的文章和别人写出来的就不一样了。我觉得《寻纸记》是一个非常典型的，对我自己来说也是很有意义的、可以拿来交流分享的案例。

保持一本书的尊严和独立性

何丹：当时你写完的时候，有没有想到《寻纸记》这篇文章会有这么大的反响？

周华诚：实际上，每篇文章写出来，好不好我基本上是有数的。之前我一直没有交文章出去，就是因为知道这篇文章还不够好。三四千字的故事已经写出来了，这个人怎么辗转，怎么一路走过来，都写好了，但就缺了一点东西。

把大家有共鸣的东西提炼出来，读者才会觉得这篇文章是有启发性的、有意义的。

因此，这套"乡居文丛"出来以后反响非常好。不管是当地的政府官员，还是对书的选品有自己要求的一些独立书店，对这本书的评价都挺好的。

后来我再做临安的"山野民宿"这套书的时候,想法是很坚定的:任何一个小的题材,只要找到它在更大范围内传播的价值点,就一定是可以传播出去的。如果没有原先做"乡居文丛"这套书的经验,那我们就会不坚定,或者很容易被甲方带偏;有了好的经验以后,我们就有信心去说服对方。

"乡居文丛"也有我据理力争的地方,就是让甲方不要在书里过多地露出自己,后来就只挂了一个主编的名字,有一个主编的简介,其他都没有。

我认为书的本质是什么,这是我们真正要去考虑的。

因为书是一个公共产品,所以在传播的过程当中,我们一定要考虑书的公共价值。哪怕是有甲方支持的图书项目,也要保持一本书的尊严和独立性,让这本书本身具有独立存在的价值。

书之所以为书,是因为它是有自己的使命的,书更大的价值在于公共传播,而不只是为某个地方做宣传。所以后来我们做临安的"山野民宿"系列,可以说是水到渠成地做成了这么美的两本书。当然这种理念还需要有一个逐步普及的过程,让大家能够接受。

何丹:可以谈谈"山野民宿"系列的策划过程吗?

周华诚:这套书也有委托方,需要我们双方的沟通落在一个非常好的点上。如果按照原先的地方宣传思路去做这套书,那么这样的书已经出过很多了。我们当时的想法是,既然去写一个地方的民宿,绝对不希望这套书出来以后只能在本地赠送,或者只在本地被人关注。我们希望这套书能"出圈",能走到全国的书店里去,和很多陌生的读者发生关系。

所谓书的价值和书的尊严,在于它能被更广泛地传播。我觉得这是最重要的。

对于临安来说,或者对于一个小地方来说,做书肯定还是希望这套书能广泛传播的,只是缺少方法和途径。所以我们在做这套书的时候,其实也是一种尝试和探索,在之前我都没有找到好的案例是这样做的。

何丹:这也是值得拿来分享的一个案例。

周华诚:各种美好的机缘才促成了这套美好的书。美好体现在几个方面:首先是临安有那么多美好的民宿,被选进这本书里的七十九家民宿都是经过筛选的,相当有品质;其次,这些民宿代表了一种美好的生活方式,在本质上为我们提供了一种美好生活的可能性。

我们希望在这本书里呈现大家内心所向往的生活方式。这种生活方式是在山野之中,在大自然之中,是一种不焦虑的、缓慢的生活。所以我们把这种对于美好生活的向往和追求贯穿在"山野民宿"系列两本书的策划里面。

剖析所有民宿存在的理由,都是大家希望去寻找的、去抵达的一种美好的生活方式。好的生活简单如斯。我们到民宿里去住，去感受，甚至到大自然当中去行走，其实都是希望摆脱当下世俗生活的束缚，找到一种自由自在的生存状态。把这种远方和诗意呈现在书里，这是能够引起所有读者共鸣的。只有把这一点给挖出来，这套书才有卖的理由。至于这些民宿是在临安，还是在其他地方，其实没有那么重要。对普通读者来讲，去住民宿就是去寻找一种美好的存在。

七十九家民宿就像是散落在临安大地上的珍珠，它们都是美好的存在。要把这些美好的存在介绍给大家，书是一个很好的途径，我们正是通过图书这个途径，把这些散落在山野之中的美好一一介绍给更广泛的读者。这是第一个机缘。

那怎么样去寻访这些美好，并把它们呈现出来呢？我们找到了一群特别好的写作者。这些写作者中有知名作家、畅销书作者、资深媒体人，也有资深的旅行家。大家对于美都有一种判断和追求，而且有非常好的文字能力，可以把所感受到的美好书写下来，分享给大家。书中收录的每一篇文章，都很清雅，很缓慢，很诗意。这是第二个机缘。

第三个机缘就是我们和合作方是互相认同的，合作希望这本书所能达到的效果，和我们是一致的。在这个基础上，他们对我们的专业能力给予了充分的信任。尽管在这个过程中也有不同的声音,比如说有甲方会觉得他们花了费用出书,有必要把他们的名字在封面上体现出来。但是朝着让书在更广泛的范围内传播这样的目标去实施的话,我们认为不在封面上体现甲方的名字会更好。后来经过讨论和斟酌,我们就把封面上甲方单位的名字给去掉了。

在这一点上,我们非常感谢合作方的信任,事实也证明这个决定是对的。这两本书出版之后,半年之内我们就收到很多书友从全国各地发给我们的照片,拍的都是"山野民宿"系列两本书被当地书店陈列在很醒目的展示位上,成都、重庆、广州、深圳,甚至北京、河北都有。这两本书如果没有做得那么美,那么就不可能享受到这种待遇。

还有一个美好的机缘,就是我们邀请到了一位非常优秀的设计师来设计这两本书,这位设计师设计的图书获得过中国"最美的书"的奖项。

设计这两本书的时候,正好是疫情发生的时候,设计师在家平心静气地做出了书的设计,我觉得这也是一个机缘。我们在翻阅这两本书的时候,就觉得它们非常安静,也很耐看,这可能和设计师当时的状态是相关的。

书籍的装帧设计和其他平面设计不太一样,我们找过合作了很久的杂志设计师来帮我们设计图书,但设计稿出来以后离我们想象的还是有一些距离的。图文并茂的书,常常会有设计师把它做得非常花哨,让你静不下来去读文字,但是这套书是能够让你静下来去阅读的。它在该缓慢的时候缓慢,该安静的时候安静。

何丹:这套书只有在全国范围内发行,才有可能让很远的人跟临安的民宿产生缘分,建立连接。

周华诚:书最美好的一点在于你不知道它会到达哪些人的手中。对写作者是这样的,对出版人也是这样的:你都不知道到底是哪些人,最终在什么渠道读到了你的书,然后他们就有可能和你建立起一种很深度的交流。

我自己写散文,经常在微博上收到地理位置相距遥远的人发来的私信。如果没有书,我不会和他们建立联系,这也是做书的美好之处:在你和真正兴趣相投的人之间建立一个渠道,让你们产生一些关联。

通过文字的阅读建立起来的其实是一种非常深度的交流,所以书的价值是很悠远的,它不可能很快消失,纸质书的阅读和任何在电子屏幕上的碎片式阅读也是不一样的。关于临安民宿的这两本书在很多地方做了展示和销售,在网络上的评价也非常好,所以我们决定将来推出更多关于民宿生活美学的书。

何丹:能够挖掘出一个事件的新闻点和传播点,真的跟媒体人的训练有关系。

周华诚：是这样。我认为好的采访其实是前半程在讲废话，拉拉杂杂要了解很多东西，然后要在这个过程当中迅速找到切入点，后半程就要有针对性地展开，这是非常考验记者功力的。如果一个采访从头到尾聊完了，记者还不知道要写什么东西，这其实是一个失败的采访。好的采访既要有准备，又要无准备。有准备是指你要对采访对象的背景和他所从事的行业有一个了解，没有准备是指你要带着一个开放的心态去跟对方交流，这样才可能有出乎你意料的东西呈现出来。

我在做文学采访的时候，心态会更放松，不一定会做非常多的准备。这个时候你带着一颗天真的心去，对方可能会带给你更多的信息。在文学采访当中，怎么跟对方建立一种交流的状态是更重要的。

何丹：你是怎么从写作者转变成图书策划人的？

周华诚：其实这是我一直所处的过程，因为我自己也写书。现在回过头来看，以前自己的那些书都不够好，不够好又要去出版，就需要花很多心思。

我人生中的第一本书是很早以前的。那时候我完全没有经验，还是自费出的书。后来我就再也不想自费出书了。过了大概十年以后，我想出第二本书，我在那时候就觉得出书不应该是这样子的，没有任何成就感，好像就是为了完成任务。

事实上出书是比较难的，尤其是对于一个没有出过书的新作者来说,是非常困难的一件事情。

何丹:是不是也是那段经历,让你想去做一个能帮别人完成梦想的人?

周华诚:可以说是这样的,第一本书很难,后面的几本书也不容易,但是我都不断地尝试和很多出版社的编辑交流。

因为我自己本来就喜欢书,一有空就待在书店里,观察哪些书摆在畅销书的位置上。我在《杭州日报》做读书版面的时候,也非常关注图书市场的走向,最近流行的书,我都会去看,然后研究这本书写了什么东西,为什么那么受关注。所以我们有时候翻书,不是说要看很久才算看过,有些书我就是拿起来翻一翻,看看它的标题、结构、内容简介,它什么地方打动人,其实很快就有感觉了。

经过不断的积累,就会形成自己对于书的判断。后来我自己的几本书,其实照现在来说都是很难出版的,包括我自己给女儿拍的摄影集《小世界》,都非常顺利地出版了,而且是完全走市场出版的。

那本书是中国摄影出版社出版的。日本有很多这样的影集,拍自己家人的家庭影集,而且做得都很漂亮,让我很有启发。其实这种影集传达了一种平和温暖的生活态度,而且颇有治愈的效果,很多人看了觉得很温馨可爱,愿意买。当然,这个东西是需要被挖掘出来的,这一点需要提示阅读者,如果你没有告诉读者,读者自己是很难发现的。

何丹:《小世界》是怎么做的?

周华诚:《小世界》的定位是关于亲子之间的陪伴和温暖的生活日常的书。日本的很多电影也是这个方向的,很平和,没有什么特别戏剧化的东西,没有什么强烈的矛盾冲突。

我觉得日本的这种美学跟中国的美学是相通的,日本的文学也是这样,它的美都是淡淡的、含蓄的。比如说川端康成的《山音》,这本书我读完以后就觉得,原来这样也可以成为一部长篇小说。

我们中国的长篇小说其实对于故事性是非常讲究的,往往充满激烈的矛盾冲突,都是那种宏大叙事,都要讲家国命运,讲大时代的流离辗转、命运沉浮。

但是日本的文学可以在"小"里面做得非常极致,把一种细微、幽深的情绪挖掘得很深,而且非常准确地呈现出来。日本的造物也是这样,会呈现出对于一个小小的东西做到极致的讲究。也有人会批评说这样格局太小了,一辈子就在研究那一点东西,我觉得这是很浮躁的想法。

在日本,比如说爷爷在做生意,开一家小店卖茶壶,以我们中国人的思路可能会觉得客人来买得越多越好。但日本的匠人不这么看,他们觉得最好你这辈子就买一个茶壶,将来你的子辈再来买一个,到了孙辈再来买一个。

他们为什么这么想?因为这个店他们要传给子辈,到时候客人再到子辈的店里来买茶壶。他们是这么想的,不会把以后的事情全部做完,留点余地。我们可能做一件事,想马上做得很大,三年上市,把钱先挣完。其实日本的匠人早就已经想清楚了,挣钱不是目的,怎么活才是目的。日本的匠人开一家小店,可能他们的孩子在东京大学读雕塑系,毕业回来还跟老爸学做东西。他们从中获得一种享受,或者说人生的体悟,然后他们把这辈子很幸福地过完,这有什么不好?很少有人想着这辈子做茶壶一定要做成全日本第一什么的。

《造物之美》这本书里写到一家日本烤麻薯的店,这家店一代一代地往下传,烤了一千多年的麻薯。你说这个东西它能烤出什么重大意义吗?能烤成一个大集团、大公司吗?都不能,但是人家能传承一千年。这也是做书对我自己的影响。写了《造物之美》以后,我自己得到很大的启发,我不想去做太大的事情,觉得没有必要。能做一个小工作室,大家都能好好干自己手里的事情,享受这个过程,还能挣口饭吃,这已经比大多数人幸福了。种田也一样,像我爸那样种一辈子水稻,平平淡淡地过一辈子也很好,没有必要跟人家去比什么成功不成功。

所以做书都是在不断累积的，写作也是，写作的回报其实很长的。真的好文章，哪怕只有一千个字，只要写出来了，它就永远是你的。

在媒体供职的经历让我训练出一种能力，碰到一个好题材的时候，可以从不同的角度去写好几篇稿子，然后发给不同的媒体。这个过程就是在不断地训练，训练怎么看待一个题材或者人物。

当然这需要充分的沟通交流，我们以前在报社做一个人物专访的栏目，叫《倾听》。很多采访都是非常细的，时间也拉得很长，全部的基础材料几乎都要了解到，但是我在不在这篇文章里用这些材料，是另外一回事情。

做《倾听》栏目的采访，给我留下了很多深刻的印象。很多人也许从来没有那么完整地跟人聊过自己的事情，接受采访时才第一次有人那么认真地听他们讲这些东西，所以在很多时候，受访者会把采访者当作一个非常好的朋友来对待，因为可能他们的家人都没有那么认真地倾听过他们内心对于某些事件的隐秘想法。所以有些采访做到后面，受访者都非常动情，有的甚至是痛哭流涕的。这种采访很珍贵，也要双方互相信任，并且在一种非常松弛的状态下才会实现。

第三章

观看和写作的意义

对谈地点:浙江临安·相见村

无数小人物的历程,构成一部大历史

何丹:1978年中国开始改革开放,我是1979年出生的,可以说我的成长伴随着中国的改革开放。我从中部地区来到了沿海开放城市,早些年我在家乡武汉读书,20世纪90年代末读的大学,相对来说,那个时候市场的部分对我的启蒙是很少的,更多还是停留在比较传统的一种范畴当中。

在那个时代,我觉得还是要多读书,或是说要按传统的那种生活逻辑走。后来我去深圳实习,那段经历对我的冲击特别大。

本来我当年是要去高校当老师的,但我没有选择去高校。2001年的时候湖南卫视娱乐化刚起步,我也没有选择去湖南卫视。当时我在深圳受了很大的观念冲击，一方面是社会巨大变化的冲击，一方面是深圳高速发展的经济的冲击，这是完全不一样的节奏。

我记得那时候看到一个数据，说深圳居民平均年龄只有二十六岁，你很难想象这座城市这么年轻，那种活力对我的吸引力是巨大的。但是它的另一面又对我造成了巨大的冲击，这种繁荣和发展是野蛮的，急速商业化、市场化的无形碾压，是任何人都难以抵挡的。

后来我就选择了相对温和一点的城市，来到了江浙一带，这里相对温和，有包容度，也更有人文气质。那时候深圳被称为"文化沙漠"，整个城市都秉持"时间就是金钱，效率就是一切"，让人感觉你来深圳就是挣钱的。

2001年那会儿，我在报社写稿，稿费一个月最高有四五千元。什么概念？当时我大学一个月的生活费才四百元，我父亲那时候一个月工资才七八百元，我一个月收入就相当于他半年的工资。

后来我选择来到江浙一带，我一直认为杭州是一个"山水加商务"的城市，它有一种市场化的经济活力，还有平和安静的人文部分，不同于深圳那种追求效率第一的氛围。

我那时候在深圳的街头，见不到任何五十岁以上的老人，满大街全是年轻人。

周华诚：用现在的话说，满街都是"打工人"。

何丹：对，就是这么一个充满欲望的城市。

在我的家乡武汉，国有经济很强势，民营经济相对比较弱小，看不到市场的那种驱动力，所有的东西都是有规则的。

但到了浙江以后，你会发现民营经济非常活跃，每个人的愿望不是想进政府单位，而是要去创建一家公司，每个人都想自己当老板。这是我来浙江以后感受到的最大冲击。在浙江，每个人想的都是我先到大公司去学一学，积累了人脉和资源以后，就出去开公司，自己当老板。

我来到出版行业以后，就乐于用出版的方式来记录经济发展为中国社会带来的急剧变化，当然我们多是以企业的转型发展，还有企业家的思想历程或成长历程的角度，来看这种变化的。这种变化是一种压缩饼干式的变化，一种急速的变化，而且这个变化是极其猛烈的。有一种说法：中国公司一定会像美国公司、日本公司一样，成为全球第三种公司模型。美国和日本的公司分别在20世纪的六七十年代和80年代塑造了全球公司的模型：美国公司的科技创新模型，日本公司的精益制造模型。这些已成为一种企业发展范式。在全球的商业史上，就是有美国公司和日本公司的说法，但你很少会听到英国公司或者法国公司的说法，因为这些欧洲国家的公司还不足以成为全球公司发展的范式,也没有大量值得学习的案例出现,只有美国公司和日本公司被认为是经典的当代企业发展模型。

那中国企业的影响力,我们在2008年以后也看到了。改革开放四十多年来,中国出现了一批世界顶尖的,或者具有标杆意义的企业。

2016年的时候,任正非就说了:"华为正逐步攻入行业的无人区:无人领航,无既定规则,无人跟随。"他在某些领域把竞争对手打败了以后,发现没有可以再追赶或者模仿的对象了,这个时候他就必须成为引领者,那他也有很多的迷茫和疑惑。

中国的商业变化太快了。我认为虽然我们做的有一些是传记类的东西,但实际上我们是在记录这三四十年来,中国在经济的微观层面发生的变化,这可能是我到现在还对出版很有兴趣的原因。

很多人会觉得出版是比较静态的,可能写的都是历史,但实际上从商业的角度来讲,商业的资讯更多的是一种碎片化的东西,因为每天都在产生新的事件、新的资讯。如果光靠图书去记录的话,捕捉到的是特定时间长度中发生的一种变化,这种变化是值得记录和出版的。

相信通过我们这一代人的努力和后来人的继续努力,可以通过对各行各业的企业家和形形色色的企业——这些经济层面的细胞的记录,以点带面地形成对中国商业史特定时期的记录。中华民族的复兴肯定是商业引领的一种复兴,只有在经济上崛起了,我们才有可能在社会的各个领域崛起,所以我认为这种捕捉和记录还是很有价值和意义的。

周华诚:这让我想到,个人史在大历史的记录当中是一个非常重要的类别。无数小人物的发展历程,构成了一部大历史。从经济的角度来说也是一样的。一个国家的经济发展史的背后可能就是一家家企业,就像你说的,这些企业是一个个细胞,一家企业的历史其实就是大历史的注脚或者缩影。所以你关注的,并用出版的形式来呈现的企业史,都是大历史里的一个缩影、一个片段。而且我觉得当这些出版物达到一定规模以后,实际上就构成了一部大历史。

何丹:对,我们无非就是这段历史的打捞人,让可能隐藏在历史当中的一些鲜活的事物或人物,能够更加清晰地呈现出来。

一次有意思的观看之旅，如何成就了一本书

何丹：我其实还想跟你聊聊《观看：大地上的艺术》这本书。

周华诚：我们近期在临安的相见村和"稻友"聚会，做了一个小小的读书分享会，我重新记起了很多关于这本书被淡忘的片段。毕竟已经两年了，好多细节其实已经忘掉了，现在回想起来还是觉得非常有意思。本身就是兴趣相投的一群人，展开了一次有趣的旅程。我都有点忘掉是谁先提议说要去看日本越后妻有大地艺术节（以下简称"大地艺术节"），当然艺术一直是我们这群"稻友"和书友关注的。

大地艺术节在全球的影响力已经非常大了，当时我们关注到很多媒体都在报道，后来我们在群里说起

来的时候,大家都很想去看一看。我记得好像我在"稻友"群里召集了以后,响应的人很多,很快就有了十七个人的团队。整个旅程八九天时间,比较短暂,根本没有想到最后会成为一本书,或者说在这次旅程之前,我都没有见到过一群人出去玩,这样一个行程可以变成一本书。

所以现在来看,这的确是我们所做的一次特别有创新意义的探索。对于这本书的架构,在出发之前,实际上我已经有了一些比较粗略的考虑。

何丹:考虑试试做出些什么?

周华诚:对,就带着一些好奇,带着探索和尝试的心态出发。我们希望一次好的行程不仅仅是看过就算了,而是能有一些记忆和积淀,让大家的旅行变得更有意义,更有价值,这也是我们探索"稻田旅行"这个模式的一个最初的想法。

我觉得,现在的旅行和以前的旅行已经不一样了。以前是由旅行社带领,一路上走马观花的比较多,就是去没见过的地方看看,见见世面。到了后来,旅行更多的是探索一种精神价值,或者说更多的是一种对自我的追寻。

这次旅行的定位,总的来说还是围绕大地艺术节做深度的探访。我们这一群人很有意思,有作家,有诗人,有资深媒体人,有建筑设计师,也有出版人,等等。

因为本身是一个文化圈的小团队，我们这样的出行和一般意义上的出行肯定是不一样的。

所以我们当时对接旅行社的时候就提出了很高的期望，希望我们见到的是和普通旅行团完全不一样的内容。比如说我们希望能采访到非常独特的人，我们每一次旅行都希望能跟当地有意思的人交流，因为旅行最重要的不是看风景，而是跟特别有趣的人交流，这样才会有更多的收获。

当时我就希望能和大地艺术节的策展人北川富朗先生有一个交流，出发前我特地给他写了一封邮件，希望能促成这次见面。我们在出发之前还没有得到非常明确的答复，他只是说有可能会接受我们的访问。我们到了日本之后，他就明确地说可以跟我们交流一小时，后来我们实际聊了大概两小时。北川富朗很热情，给我们做了详细的介绍，我们大家也准备了一些问题进行采访，还跟他一起合影。

事实上北川富朗拒绝了很多访问，有很多人都希望跟他交流，但是他没有答应，而我们是一个很特别的团队，所以他就跟我们做了一些交流。

此外，我们在旅行当中还做了一些采访，比如说我们的导游德井先生，他是在我们参加大地艺术节的过程当中在车上为我们做导览的。如果我们不是为了做这本书，可能就不会有意识地去做这样的采访。在写作的过程中,我们不希望把这个东西写成游记,如果大家都写成游记的话,这本书是没办法看的,所以这本书的内容策划,其实是提前做了很多准备的。

我有些时候会参与一些作家的采风活动,大家也是走马观花,去很多地方,然后写出来的东西面目非常相似。跟有些摄影团一样,大家去了好几个地方,都在同一个地点拍照,拍出来的照片几乎没什么差别。把这样的内容做成书其实意义不大,也很难做成一本书。

所以我们在做策划的时候就想规避这个问题,这也是难度最大的部分。

何丹:当时你说要做书的时候,叫我们每个人都写一点,其实我个人还有些疑问,就想:这本书能写成什么样? 如果都是游记怎么办? 如果大家的感受层次高低不一怎么办? 因为书还是比较讲究内容质量的,我就在想你会怎么来处理这些问题。然后我也很期待,如果这个事情能够做成,它会是什么样。因为我们那一群人中的很多人,我是新认识的,大家到底能表达成什么样,能写成什么样,都是未知的。

周华诚:确实会怀疑,我们这个团里很多人并不是从事写作相关工作的,这会让这个事情更加有难度。

何丹:是的,我拿到这本书,看到"观看"两个字,我觉得取得很好。观看,外观世界,内观自己。我自己也写了一篇收录在书中,涉及成长的一些历程,包括我去看了大地艺术节以后的一些感悟和启示。我想到了清代画家石涛，他在《石涛画语录》中写："墨非蒙养不灵，笔非生活不神。"

他提到的"蒙养"这个概念最早可以追溯到《周易》，很多做理论研究的人会把它作为中国艺术史上一个特别重要的概念来研究。其中有人认为这个"蒙"是一种混沌的状态，"养"是长时间的一种养育、养成。"蒙养生活"的核心是潜栖于生活和时间的深处，外观世界，内观自己，在一种触动和直觉当中，去寻找自己，然后画下或写下属于自己的那一笔。

在回顾这次旅行的时候，我就想到了石涛的这句话。之前我不知道大地艺术节是什么，所以对我来讲就是一个很混沌、很模糊的状态，我就想去看看到底是什么。在我去看的过程当中，在这一周左右的时间内，我得到的其实是我对艺术的一种感悟，或者是对生活的一种感受，这也是一种养育的过程。

后人对石涛所谓"笔非生活不神"中的"生活"有很多不一样的理解，有的人说它是一种对于日常生活的体验，有的人认为石涛所说的"生活"是指生机、活泼，那种外在的神采，石涛说这句话本来就是针对山水画的画法的。

我们实际上也是这样，通过观看大地艺术节，获得种种触动，在直觉当中长出来一些东西，然后再用文字的方式,或者用绘画的方式,还有摄影的方式,把这些东西记录下来。

一起去旅行，还能一起出书

周华诚：你启发我想到我们出发前的一个初衷：旅行是一个形式，通过旅行我们想探索艺术对于乡村建设的意义。

虽然我们这群人中，有的人是作家，有的人是建筑师，有的人是诗人，有的人是画家，但是我们都有着共同的好奇心，想去探索大地艺术节这种形式对于乡村建设的意义，我们是带着这个主题出发的。因为大地艺术节举办了十几年之后，的确对越后妻有这个地区的乡村发展起到了非常重要的作用，全球各地的人都跑到那边去看，带动了当地的经济发展。

当时我和这些朋友已经交流过很多次关于乡村建设的话题，就是探讨怎样用艺术的形式为乡村的发展赋能,为乡村的发展做一些艺术上的贡献。我们在之前也跑过很多村庄,所以特别期待去大地艺术节看看,获得一些启发。

艺术家何越峰回来以后在相见村做了山谷艺术节。画家吴红霞回来以后也画了与很多大地题材相关的作品,还在衢州常山办了画展,一部分作品在水稻田里展出。

何丹:大家都受到了启发,这本书也是受启发的结果。

周华诚:对。到目前为止,在我的整个生涯里,还没有一次旅行是一群不同职业、不同身份的人一起去,回来还能一起写一本书的。我在朋友圈发了一条关于这本书的内容,很多文旅界人士给我点赞,都说这个形式很有意思。

何丹:我认为这本书的独特性首先在于,我们是一个创作型群体,我们关注日本乡村的艺术活动,再用出版的方式把它呈现出来。

再者是我们出行团队里面的成员属性是多元的,不是说全是作家,或者全是摄影师。我们来自各行各业,男男女女,性情不一。

周华诚:每个人都有自己的文化背景和职业背景。

何丹:对,我们是跨界的,是跨地域的,还有我们通过观看写出来的东西是没办法定义的。你会看到我们呈现出来的有的是采访文章,有的是画作,有的是照片,还有的是散文。有的人的文字又是跟自己的专业相关的,比如说他去了大地艺术节以后,对他的建筑设计有什么启发,或者说他去了以后人生态度发生了什么转变。有的人是在乡村实践,或者在艺术创作方面得到了启发。所以这种启发是多层次的,很丰富的,每个人都在这次旅程当中,通过观看的方式,获得了新的启发。

就像何越峰策划山谷艺术节,何越峰作为一个艺术家,可能原先会比较关注器物层面,比如今天做一个什么样的杯子,明天烧一个什么样的碗,或者要编一个什么样的竹艺品。受到大地艺术节的启发以后,他可以反哺整个乡村建设,思考是不是可以把艺术置于大地上,或者置入一个空间里面。而且这种空间是大地的概念,正如他在书里写过的:我来自土地,又要回归土地。这种对艺术的领悟能力,不是只待在一个房间里面拿着工具,以一个匠人的心态去做就能拥有的。而对画家来说也是一样的道理,他原来的创作可能更多地拘泥于自己看到的天地,通过旅行他看到了不一样的世界,回来以后创作的对象和风格肯定是有一些变化的。

包括我自己,也是一样,原来我写的东西都是很"硬核"的,这次写了一篇比较柔软的文字,这都是你在体验的时候,会产生的一种新的变化。

周华诚:我觉得艺术节的很多作品,不同身份、不同文化背景、不同职业背景的人去看的时候,都有不同的角度。每个人看一个作品,都能看出自己的心得,而且这种心得绝对是跟别人不一样的。

我们在做这本书的时候,首先考虑的是怎么把大地艺术节这种艺术形式介绍给国内的读者。之前可能就北川富朗自己出版过一本书,他是从策展人的角度来讲这个活动的,我们国内的大众怎么看待大地艺术节,还没有人去写过。

所以我认为,以我们的视角去看大地艺术节,这是具有公共性的。把大地艺术节这样一个艺术形式介绍给更多的读者,同时也呈现我们看待大地艺术节的一些观点,我觉得这是有价值的。另外,我们也希望去探究类似大地艺术节这样一个形式,对于中国的乡村建设有没有什么值得参考和借鉴的地方。

我们出发的时候就是带着这两个目的去的,最好的结果是我们也可以做一个活动,来为中国的乡村建设贡献一点自己的力量,或者再小一点说,我们是抱着学习的心态、探究的心态去的。

其实大地艺术节当时对于国内很多从事民宿行业、乡村旅游行业,甚至是乡村建设这一块的人,有很大吸引力。大家都希望去看,之前也有好多人去过,但是难以把自己看到的东西变成文化成果呈现出来,都是零零散散的一些个人的收获,很零碎。

所以我们有成果呈现,让很多去过的人都很羡慕。我们现在回过头来看,所有跟我们一起去的团员都觉得收获巨大,很有意思。那些没有跟我们一起去的人,则很羡慕地说,原来还可以这样玩,还可以有这么好的成果。我觉得这种方式对于我们共同出行的人,是一次非常好的价值给予。

这本书对我的启示就是我们以后还可以用这样的方式,去探访一个地区,或者去参与一次活动。前面说到我们这次旅行和以往的采风活动最大的不同之处在于,大部分采风活动都是类型相近的一群人一起去的,最后出来的成果识别度不高,独特性也不够强。我们这个团队就很有意思,每个人看到的东西是不一样的,最后的创作会结合自己的职业、自己的实践。上次和我们同行的建筑师赵统光,他就是全程都在看建筑,他看的是屋子的砖瓦、墙壁、墙角的处理方式这些很细节的东西,每个人的关注点都不一样,视角会更多样。

我认为这种用不同视角呈现出来的思考是具有公共价值的,抓住了这种公共性,这才是一本值得出版的书。

何丹:出版肯定不是一个自娱自乐的东西。我们这一批人到达第一现场,通过写作形成文字。有需求的读者,可能没有到过现场,但他们看了我们的一手素材以后,会受到一些启发。

公共出版的方式,会给一批人带来新的视野。我们十七个人来自不同领域,有大人有小孩,有男有女,所产生的价值是从我们内心生长出来的,就像一个多棱镜、万花筒。我相信不同的人看这本书,都会有自己的收获。

周华诚:从旅行的角度来说,我们这种"稻田旅行"是旅行方式的创新,可以叫作定制化的深度旅游,而且是真正志趣相投的一群人一起出行。

何丹:中国人富裕起来以后,旅行方式发生了很大变化,早期我们因为没见过,都是看西洋镜,觉得很稀奇。出去只是看看外国人是什么样的生活方式,看看差距在哪里,然后就是"买买买",大包小包地买回来。

经过走马观花的阶段以后,到了第二个阶段,有些人就要旅游体验了,但这种体验可能还只聚焦在物的层面上。比如说,我到了一个中国没有的景点,去看中国看不到的景观,这种"网红打卡点"会更多一点。

我认为我们属于第三个阶段,我们既不是去看稀奇,也不是去"网红打卡点",而是去追寻一些东西,精神价值的体验大于外显的物质方面的体验,从内心长出来的感受会更多一些。

可能很多人到日本是去吃日本料理,去滑雪,等等，而我们这次去日本，花了八九天的时间去看一个艺术节，而且我们走进的是日本的乡村。我们不是到日本最现代化、最时髦的地方去，而是到日本比较古老的地方，甚至是参与一场跟日本文化高度相关的活动。这种交流是对我们内心的回应，跟以往跟团去玩是完全不一样的。而且我们这个团是自发的，大家出于志趣相投，出于一种对艺术本身的期盼，或者热爱，才组成了这么一个团队。

出书是一种启发,告诉你,重要的是跟谁一起看风景

周华诚:我们在旅行的时候经常提到的一句话:比起去哪里看风景,更重要的是跟谁一起去看风景。你在路上遇到的人,在旅程当中也许比风景更重要,更有意思,让你更有收获。我们团队成员之间的这种碰撞和交流,其实是非常珍贵的。

何丹:不是购物团,不是体验团,而是一个文化团。

周华诚:是的,我们认为旅行当中最重要的是人,除了成员之间的互动和交流,我们还去跟当地的人进行深度交流,看看人家的活法,或者人家的艺术追求是怎样的。

何丹:我认为这是可遇不可求的。这样一群人去看三年一次的展览,还留下了一本书。

周华诚：旅行团很多，能够像我们这样去旅行的，我觉得是不多的。一次旅行值得大家在两年之后重新聚起来，再来探讨它，回忆它，这本身已经很难了。

何丹：应该说是一次非常独特的、无法复制的旅行。你看我们第二次旅行就没办法做成一本书了。

周华诚：对，很难复制。第二次我们是去看濑户内海艺术祭。我认为第二次旅行没法做成一本书的原因，首先是第一本书还没有出版，使得我们对做第二本书没有足够的信心和把握。其次的原因，是我们去濑户内海艺术祭，旅行过程中的议题设置还有改进的空间，毕竟纯艺术的东西离我们的生活是有点距离的。

何丹：第二次旅行中和人的交流不够充分。

周华诚：对。那次回来的路上我们就在探讨，如果下次去北海道，不能只是去看那里的风光。可能我们会去当地一家开了二十年的咖啡馆，整个下午都在那里待着，和咖啡馆的主人聊聊天。通过这样的体验获得的内容是更深刻的，而且是真正从内心获得的感悟。

如果光看看景色，可能就容易流于表面。所以我们如果再组织这样的活动，一定会有更多跟人交流的部分。

濑户内海那次旅行，对我来说印象最深刻的就是稻田里的丰收节，当地的农民身上背着乐器，敲锣打鼓地走在田埂上。这就有人的故事在里面。我那时候就特别想去采访,了解他们的生活、他们的故事,可是没办法,语言不通,然后时间上也有种种限制。

上次我们去东北,也是去看各种风景。但因为我是写作者,我常常会有敏感性,想抓住有意思的人聊天。那次我碰到一个快递员,他在一个很远的村庄送快递,我就跟他聊了很多,后来写了一篇文章,发在《人民日报》上。这是一个捡到的素材,并不是我旅行的目的,但是有意思的人和事,会在路上与你相遇。

什么东西值得写?是人值得写。所以会希望旅行当中有更多有意思的人冒出来。

何丹:我出那么多次差,到每个地方去,其实很多事情都不记得了,但是碰到有意思的人就会印象很深。我喜欢跟出租车司机聊天,听他们讲故事。出租车司机每天都能碰到不同的人,就是个"故事机",而且他们也特别渴望别人倾听,因为他们一天十几个小时就在车上待着。

我上次去广州,碰到个出租车司机,晚上十二点多拉我穿过整个广州城,我就听他讲故事。他说他现在手上有五六辆车,我问他生意怎么样,他说一个月赚两万元。我问他最高峰时期能赚多少,他说他最高峰时期有六十辆车,一个月有四十万元净收入。那时他每天就在挂靠的出租车公司里处理各种事务,诸如违章、事故这些事情,每天都很忙,他那时还带着两个助理。

2014 年以后网约车来了,竞争变得激烈,开车不挣钱了,六十辆车每天要产生很多开支,他只能一辆辆卖掉。

周华诚:你可以写一本书,叫《出差》,就写出租车司机讲的故事,都是出差的时候听来的。

何丹:我想过写一本书,叫《非正规经济》,写中国这么多个体户各式各样的赚钱方法。

周华诚:我想起吴念真写过一个故事,就写一个女人从国外回来,在机场打车。她有十多年没回来了,穿得很富贵的样子。坐上出租车以后,她就开始打电话,把她这十多年曲曲折折的故事都讲了一遍。后来她放下电话,说:"我都把我这十多年的故事讲完了,你还是一句话都不说吗?"

这个故事到这里就写完了。这时候读者恍然大悟,哇,其实那个司机是她的初恋情人,她已经认出他了,然后假装打电话,把她这十多年的故事都说了一遍。

何丹:非常动人的故事。

第四章

做书的系统性思维

对谈地点：杭州·滨江

做连续出版物，其实靠的是系统性思维

何丹：连续出版物这种方式，实际上十几年前吴晓波老师就已经做过了。蓝狮子最早是从中国商业史和企业史案例这类财经内容的出版物开始的，当时出过一个系列，名字就叫《案例》，里面是当时中国的一线财经记者和商学院教授写的各种类型的案例。十几年前的事了，出了有十几本。

我做出版的时候，把《案例》系列做成了电子版，每期一个主题。电子版就是运作上周期比较短、比较"轻"，选题确定了，电子版图书的组稿和发行都相对比较快。当时我们是在亚马逊的电子书平台上发布的，供读者免费阅读。

周华诚：说到连续出版物，我就想到《读库》。《读

库》是比较有代表性的。

我记得2003年左右，我还在报社，那时候几乎文化类的记者都会买《读库》系列。当时《读库》只有一个选稿标准，然后它的内容都是非虚构的。《读库》系列每本收录十几篇文章，内容非常好读。那时《读库》引领了潮流，到现在仍然有很强的生命力。

何丹：我始终认为介于书和杂志之间的这种连续出版物，是具有很强生命力的。为什么我认为它具有生命力呢？首先杂志太过于碎片化，内容过于"轻"，可以深入展示的东西很有限，而且当杂志的栏目固定化以后，它的延展性也相对比较弱。那书又比较"重"，书是围绕一个话题展开的，全书花十几万字往往只能讲一个事情，或者讲一个故事。杂志的优势是生产速度快，书的优势是具有一定的深度，把这种速度和深度结合起来，就产生了Mook（杂志书）这种类型。日本这种连续出版物比较多，中国在这个领域学得最像的可能是中信出版社的《知日》系列和《知中》系列。

周华诚：这种连续出版物在操作方式上更接近于有一个主编，加一个编辑部。

何丹：作者可能都是某一个领域里面的研究者。中信是做得比较早的，也是模型运作得比较好的。

周华诚：市场化也做得比较好。Mook还有一个优势是它可以不定期，不像期刊是定期一定要出的。

何丹：Mook可以根据市场情况，或者读者情况、组稿情况去做变动，比较灵活。如果说这个市场比较稳定，有一定影响力，那我可以持续做，如果在这一阶段，我发现影响力没达到预期，或者组稿情况一般，可以停掉，或者换一种方式。就是它跟杂志相比，相对更具有灵活性。所以我觉得它在探索方面还是具有一定意义的。最近我也在做一个探索，我个人把它定义为主题出版，目前有两个项目在做。

一个是"新国货"，我们要出一本《新国货浪潮：商战里的中国史》，这本书有四个执笔人，书也分成四个部分。另一个主要是聚焦于中国制造业，书名叫《中国基本盘》。

从我们做出版的角度来讲，书跟杂志最大的不同，在于书的生命力比杂志要强。

周华诚：对，我也认同这一点。

何丹：你会发现，从整个书业来讲，我们一年要出三十多万种书，不断地在出，而杂志的数量是越来越少的。

周华诚：杂志的成本太高了。

何丹：我个人对杂志还是天然有好感的，因为杂志在历史上对大众的知识普及作用和它的设计感，是书很难替代的。大部分图书还是以文字为主，当然它也是出于一种沉浸式阅读的需要。在这个时代，非虚构的内容,通过适当的图文化,做一些视觉上的改造,还是很有必要的。电子杂志我涉猎就比较少了。

周华诚:电子杂志我觉得几乎没有什么生命力,它试图让读者用一种屏幕阅读的方式,阅读一个传统形态的东西,我觉得它本身在逻辑上是有问题的。阅读实体杂志的时候有那种翻阅感,而屏幕阅读则是上下滑动的。

何丹:Mook的生产机制,可能比书的生产机制稍微要复杂一些,它的生产成本肯定提高了。传统的图书大多是一个编辑对接一个作者,如果作者的书稿合格了,就进入了编校流程,是跟单一维度的文字去打交道,它的生产成本相对是低的。

但是当你需要视觉化以后,你会发现有几个成本,首先你要增加设计语言,这个是有成本的。其次,这里面的内容不是一个作者就能完成的,需要组稿,这对编辑的要求就很高了:你要有主题策划的能力,你要能够找到这个门类的作者,并让他们来按要求完成内容创作,然后你还要面对多个作者,做文稿的进度管理和质量管理。

周华诚:这种生产方式比较像国外的一些通讯社,一种叫记者主导制,一种叫编辑主导制。国外有些通讯社是记者在前面冲锋陷阵,记者只要一个电话打回来,说看到哪里有什么突发事件,这稿子就算完成了,稿子的署名是他的,但稿子的文字不是由他写的。真正的记者,以前很多都在前线,他可能不写稿子,就负责传递这些信息,然后拿着电话的编辑在那里把稿子记录下来,国外很多情况是这样的。

何丹:是的,国外记者的文笔大多挺一般,但编辑的能力很强。

周华诚:以前这种方式在国外的通讯社很多。

何丹:对,但这种方式追求的是时效性,不是文学感。文字的表达能力不重要,关键是信息传播的速度。

周华诚:Mook 这种方式更体现编辑部的策划能力和主导性,哪些文章应该被收进来,其实是编辑部的思维在起主导作用。

何丹:Mook 的媒体属性比较强,书的媒体属性相对较弱,学术意义更大一点。Mook 的交互发生了很大的变化,原来可能就是一个编辑、一个作者,现在可能变成一个编辑部的模式,一群人进行内容的交互,这个时候 Mook 的公共意义和社会属性都变得更强了,媒体属性也更突出。

周华诚:做连续出版物,其实靠的是系统性思维。你刚刚提到的《案例》系列,包括正在做的"新国货"主题出版,其实都是一个连续出版物。这种出版方式是确立了某一个主题或者方向,在某个领域做深度、持续的挖掘,这又跟普通图书不一样。比如你做"新国货"

这个领域,那你是会一本一本往下做的。

何丹:对,会形成话题,有更强的连续性,而且交互的频次增加了,连续出版物的主题是与时俱进的。

周华诚:时效性会更强,对现实社会的介入会更深。

何丹:我们关注"新国货"也是这样,在"加快形成以国内大循环为主体、国内国际双循环相互促进的新发展格局"这个基调下面,在消费品领域,一些国内的新兴品牌会逐渐替代国外品牌,这是一个大概率事件,也是一种规律。我们正是顺应了这个时代的发展规律和要求,提倡研究和关注"新国货"的崛起。

周华诚:我还是蛮期待的。这个系列的书出来以后,每一本都是在培育它的忠实读者,会有一个积累的过程。

何丹:我们的发行方式也跟传统的发行方式有区别,我们借鉴了杂志的订阅制,会走一些专属渠道。这个系列在前期创作的过程当中,已经预售接近一万册了。后面基本上也会走这种模式,相对地弱化传统售卖渠道。我认为这类图书只要找到对应的读者群就够了,没必要浪费太多发行资源。

只要在国产品牌的圈子里面形成影响力,在一些新锐品牌、财经圈子里面能够流传,我觉得就够了。

周华诚:订阅制也可以形成广泛传播,它可能是另外一种方式。

何丹：对，这一系列通过推广的方式或者商务的方式，至少七成是被预订的，另外的三成就是出版之后的增量。

我希望通过这种方式，让我们这一系列 Mook 产生生命力：它的读者不是随机的，而是定向的、长期的人群，而且我们跟读者之间会形成一种建立在图书和知识上的连接。

这本书的整个创作方案开过四次会，推翻了三次，整个创作周期花了五个月的时间，前三个月都是在不断推翻和自我否定，最后才形成了目前这种生产机制。

周华诚：这也是一个逐步清晰化的过程。

何丹：是的，书的篇章也最终确定下来了。第一部分叫"大国风物"，这部分跟商业地理和历史的相关性更强一点，写传统的地域性品牌，比如武夷山岩茶、景德镇陶瓷、湖州丝绸等等。第二部分是"大国制造"，写规模强势的制造业区域与企业。第三部分就是"新国货"，写近几年通过新的渠道、新的设计方法、新的商业模式或者新的消费人群崛起的一些品牌，比方说一些汉服品牌。在书的第四部分，我们做了基于以上所有内容的一些方法论的提炼，包括具有借鉴意义的数据模型和具有实操性的商业方法。

书稿的初稿写了十九万字，我要求砍掉一半，精简到十万字。

周华诚:所以编辑部的这种生产方式是更加高效的,比书高效多了。

何丹:因为有几个人分工,大家的方向都很明确。总的来说,《新国货浪潮:商战里的中国史》是媒体属性比较强的一本书,它可以帮我对接到这个领域里面的很多商务资源,相当于一个流量入口,中间会产生其他的商务需求。

倒不是所有东西都要通过一本书来变现,书也承载不了这么多,但它可以帮助对接很多业务需求。所以我觉得,一年做一到两本就可以了,保持一个适当的热度。因为从书本身的生产速度来讲,也快不起来,出版周期在那里。

周华诚:Mook 的优势是,每一本都会提炼出一个非常重要的话题,这个话题可能就是书的主标题,一年下来就提炼出了这个年度内的几个关键词。这是很关键的,能起到一个很重要的引导作用。原来的杂志一年出太多期了,比较零碎,如果一年只做两期,每期一个话题,会更有力量感。

何丹:我觉得美屿文化也好,蓝狮子也好,都是在各自领域里去选一两个主题做出版,把它们用 Mook 的方式做成连续出版物。这样可以摆脱原来的一种同质化的竞争态势。

作为一个内容的出版机构,原来的竞争力就来源于一两本大的 IP 书,每年可以不断地加印。但这是一种很简单的方式,而且这是极其难得和稀缺的资源。想要生存下来,每年就必须要有新书,新书里面再去挑能够成为爆款的,这对出版机构来讲,是一件很难的事情。

周华诚:而且越来越难。

何丹:对吧,书业发展了这么多年,我始终认为存在一种低层次的竞争。

周华诚:一种"摊大饼"式的竞争。

何丹:假如今年突然跳出一本爆款书,就是大年,跳不出来,就是小年。你做出爆款了,别人就要来抢你的作者资源,会形成一种恶性竞争。

我想改变这种方式。

蓝狮子企业研究院做了十几年的企业案例研究,现在回头来看,我们已经做成了一个中国企业案例书库,至少从书的品种数量来说是可以这样讲的。但是你的能力发生了变化没有? 未必。

那怎么样才能在能力上发生变化? 我就提出一个设想:蓝狮子企业研究院要变成一个智库型的出版机构,手上还要有若干种 Mook,Mook 聚焦于财经领域,具有一定社会洞察力,又具有一定的学术性。这样才能够吸引行业的关注,同时吸引相关的研究者,这样就可以提升成为一个智库了，为社会贡献的也将不仅仅是一系列出版物，而是持续地供应思想。

如果我们要这样去转型，主题出版就很重要了。为什么从全球范围来讲，法国能成为一个艺术和哲学中心？因为法国有一大批学术出版机构，其编辑是很牛的，能够集聚欧洲的先锋思想作品，在这里出版。中国未来也有可能是这样的，在商业观察和商业输出方面会形成类似的中心，这些中心要来承担重要的责任，必须有相应的生产机制和相应的传播介质。

如果说还是按以前普通图书的生产方式，可以承载一部分，但不足以应对时下的变化。但完全用知识付费的方式又太"快餐"了，也会有问题。要学术化，也要有思想性，我认为目前这种连续出版的Mook可能会是一种载体。

当然我们还在做探索，它比杂志慢一点，比普通图书快一点，而且它承载了众多人的观念思想。

周华诚：着眼于全国来看，在每个行业领域都有这样一批比较好的杂志，但是它有它的局限性，撰稿人大部分是普通记者，所以对于行业深度，或者年度重磅事件的挖掘是不够的。

何丹：所以要做具有连续的生命力的Mook，编辑的作用会放得很大，对编辑的要求会很高。因为作者不是一两个，是你所关注的这个领域里面的若干人。从内容的开源来讲,是很开放、很广阔的,不是封闭的,只盯着某一个作者是不行的。只要在某一个领域里有研究深度的,有影响力的,或者观点有新意的人,都可以成为作者。这对编辑本身的要求就会很高,首先你要有很强的社会洞察力,知道社会热点,知道社会的舆论导向在哪里。

周华诚:至少是这个行业里的专家。

何丹:是的,然后要能够联系到相应的执笔人,图书出版以后还要能够做有效的发行,精准地找到你这本书的读者,这也是很重要的。

我认为在中国,思想领域的革命肯定会持续开展。因为成为世界第二大经济体之后,中国必须在思想上和精神上有很强的竞争力,这个时代也决定了我们做出版的人要有更高和更新的追求。

像美峪文化这些年做生活美学类书籍,要对生活本身的审美有深刻的洞察,要有高标准的要求,要能够找到更为领先的、本土化的内容,来进行整理、出版、传播,我觉得这个要求是很高的。未来功臣是不是我们,我觉得说不准,但是至少我们还是可以做一些有积极意义的探索的。如果这个事情能做得很长、很久,那当然很好,如果我们能够成为"先烈",也挺好。可以起到引导性的作用,可以给后来人提供一些借鉴,也是很好的事情。

写作和做书,都要持续地挖一口深井

周华诚:书的形态一直在发生变化,我认为我们做Mook这种形式,最重要的是要持续地挖一口深井。连续出版物有一个持久的发力过程,在比较长的时间段内持续挖掘的话,就会形成更大的力量。我觉得这是Mook比单本书更有价值的地方,它会持续不断地产生影响。

我们这几年,其实一直在做一些尝试,最早做过零散的民宿书,后来我认为这是一个值得长期关注的选题,所以我们提出了"中国民宿生活美学"的概念,建立一个书系来做。

第一套是关注临安民宿的,出了两本书——《山野民宿:从山中来》《山野民宿:到山中去》,各界反响非常好,在全国各地的书店也卖得不错。后来又推出了关注桐庐民宿的《借庐而居》。接下来是关注磐安、松阳的民宿的书。

我们也是希望用比较长的时间,持续地对民宿领域做一些观察和盘点。

当然我们现在还没有上升到从学术的角度去分析中国民宿生活美学,我们是从生活美学的角度去把它展现出来,一个区域、一个区域地去盘点。这是我们现在的热情所在,通过持续地出版,最终会构成一幅中国民宿的生活美学图景。

何丹:出版的意义也在于此吧,若干年后,有人来研究我们当下的历史的时候,这些都是物证,都是文明的记忆。

周华诚:图书还是能留下一点东西的。

何丹:当然了,这是一个千年的行业。

周华诚:我发现我们有一个共同点:都是从媒体行业跨界到出版界,而且是从最"易碎"的报纸……

何丹:现在越发"破碎"了……

周华诚:杂志我们也接触过,然后到做书。可能是我们的脚步越来越慢了。

何丹:我们只能尽量发挥书的优势,把原来从事媒体行业的优势拿出来,把书本身生产周期过长的劣势改进一下,这样的话,各自都能保留一些珍贵的地方。

同时我们又能与时俱进,在这个时代用出版书籍的方式留下一些文明。

第五章

从写作到出版

对谈地点:杭州·京杭大运河畔

创作的文字是作品，出版的图书是商品

周华诚：何兄好！今天我们从写作者的角度，来聊一聊出版这个话题。我们的对谈进行很多次了，基本把我们从事出版的一些体会和盘托出，向大家做了分享。也有很多写作者和想要出书的朋友，想听我们聊聊这方面的内容。

何丹：对，我们既是出版人，同时也都是写作者。可能这块内容，对于一些在写作的同时也有出版需求的朋友是有用的。你可以先聊。

周华诚：是这样的。我想在开始之前，先厘清两个概念。当我们说"创作"的时候，对应的是"文字"，是"作品"，指的是一个精神产品；当我们说"出版"的时候，对应的是"图书"，是"商品"，指的是一个具有商品属性、要在市场上交易和流通的产品。

为什么要厘清这两个概念呢？因为很多人往往会把二者混淆起来。在当下的创作与出版环境中，很可能出现一种情况，就是品质很好的作品，不一定能顺利出版，而品质很一般的作品，却不仅出版了，而且卖得很火。这是客观存在的现象，无须讳言。于是有的作者，自己的作品无法出版，看到别的烂书卖得很火，就会心里窝火。其实大可不必。

从出版者的角度来看，一本能卖得很火的书，即便品质平平，也具有很强的商品属性，有很大的市场反响，就说明它在另一个层面，还是相对厉害的。每一个成功的出版者，既要看到一个作品的品质，又要看到一个产品的畅销潜质，并且做出平衡与取舍，这是最不容易的。

何丹：是的。一个作品，成为一个商品，这个过程是商业行为。这就好像一个搞发明创造的人，创造了一个专利产品，这个产品向市场转化，就是批量化生产。只有批量化生产以后，这个作品才能让更多的人看见、接受、购买、使用或阅读，同时又产生传播效果，发挥出更大影响力，反过来促进它的再度生产，让销量变得更大，影响更多的人。

从作者的角度来看，你的首要任务，当然是先把作品写好。把作品写好，甚至写到极致，这是创作者应该追求的方向。在这个基础上，如果作者还能懂得一些出版思维，那就更好了。

我们都相信，作品足够好的话，不愁没有地方出版。但是，事实上，大多数作品没有好到那个程度，那也要出版的话，怎么办，这就要依靠市场的力量。

出版这个行为，是把写作这件个人化的事情，变成工业化生产的过程。这里头，做事情的方式又发生了改变。

一个人待在家里，埋头写作，这是最常见的情况，大多数创作都是孤独的个人行为。但是出版是需要众人协作的，编辑、审校、设计、印刷、营销、发行、销售，等等，这是一个很长的产业链，链条上有几十个人，甚至上百人都在为这本书付出精力和时间。

什么是写作者的出版思维

周华诚：作者在写作过程中如果有一种出版思维，能够让他的写作更加顺畅，也能提升创作效率，还能让出版也变得相对容易一些。

将出版思维前置到创作过程当中，是很多传统的作者所缺失的。他们觉得我就是想写这个东西，但是写完了以后怎么出版，完全没有概念。

还有一点很重要，创作过程中要有一个读者形象。很多传统写作者心里是没有读者形象的，自己想当然，觉得写出来的内容老少皆宜、雅俗共赏，所有人都可以读，其实从出版的角度来讲，一定要有内容创作的定位，而且越清晰越好。

比如说，某作者的一本书，就是面向18—28岁的读者,这些读者有共同的需求,想要获取某个特定方面的知识。这个定位越清晰,书就越容易出版。要考虑读者需求,这就是出版思路。

如果作者心里有这样一个读者形象,他在写作过程当中就会让自己的文字更加精准,整个项目也更加清楚,可能从商业书创作的角度来讲会更加鲜明。

何兄,能否谈谈你的观点?

何丹:有很多人是为自己写作的,只是抒发自己的一些情感,纯粹是写给自己看的,不是面向大众的,也不是面向市场的。

这样的业余写作者,他人生的第一本书、第二本书,写作的思维是未经训练的,不会去考虑公共传播的意义。

刚才你讲的应该更多的是面向大众的写作,是需要职业训练的。首先他的读者对象要明确,不是完全取决于自己的。

第一就是选题,不可能什么都写,首先是要他擅长的,而且他擅长的又是大众所需要的。第二,要会设计结构,这种结构要符合读者的阅读习惯,而不是按自己的套路来。

网状的思想、树形的结构、线性的文字,这些需要反复训练,一开始可能会模仿,看更高阶的作者是怎么表达的。我们都会有这个阶段,去学习大量的经典著作,同时模仿作者的笔法,再把它化为自己的东西。先输入,再输出。当一个人承受和经历了很多事情以后,会摄入很多东西,再慢慢形成自己的风格,我想大部分的职业作者都是走这条道路的。

现在,整个社会人群的表达欲望是极其强烈的,大家都愿意表达自己的情绪和意见,林林总总。特别是可以表达的场景更加丰富了,不仅是文本,还有短视频等多种形态。这些都是面向大众的表达行为,那么就需要讲究表达方式和沟通技巧。

我认为写作本质上就是一个沟通的过程,而文字是一种具有力量的工具。既然是沟通,就一定有方法,一定有技巧,一定有对象,所以写作天然就会形成一门学问。

职业写作者终身都在探究一种与世界沟通的方法,而且是具有持续性的,过程很漫长。

这个时代给了更多人能够出一本书的机会。

周华诚:写作成了人生必备的一种工具,一种体验生活的方式。

何丹:是的,没有那么高不可攀了。但是要达到一个比较好的状态,还是需要有一些专业训练的。能写好是一个阶段,写好以后,作品是市场所需要的,并且能在市场上形成一定的影响力,又是一个新的阶段。

这是一个人发展到一定程度以后会产生的必然

追求。

虽然写作的门槛在降低,但是它的技术要求在不断提高,因为进入的人会变得更多,你想自己的作品被别人看到,难度是在增加的。

大家都在写,你怎么冒出来?你的声音在哪里?大部分声音都被淹没了,这是客观存在的情况。

周华诚:我认同你的观点。一个作者写第一本书,再写第二本,等到第五本书、第十本书出来的时候,这个训练已经完成了。

作家一定是写出来的。

写作帮助思考,是思考的延伸,也是思考的固化。出版可以让思想的成果得以更好地传播。

传播和交流本身就是一个思想碰撞的过程。

现在,社会对人的要求越来越高,需要你不断地学习,不断地思考,然后要不断地表达,这些缺一不可。

何丹:这是人一生的劳动。其实从你的写作来讲,写"父亲的水稻田",有来自实践劳动的部分,写作是思想的劳动、精神的劳动,这两者你是怎么结合的?

周华诚:劳动一定是持续的,也是快乐的。我们常常以为一个人不思考、不劳动,"躺平"了,他就会很快乐,其实这种人是不快乐的。

一个人要是一辈子能干活,一辈子在思考,甚至还有精神层面的产品产出,这才是一件快乐的事。

何丹:你觉得种田对你写作本身有什么样的促进,或者起到了什么样的作用?

周华诚:我一直有个观点,一个人是一个完整的精神世界,他会通过各种不同的渠道展现出来。

比方说古代的一个文人,他会琴棋书画,他能出去当官,也能回来种田,他的精神世界很完整。当他选择用书法来表达的时候,他的书法作品就很漂亮;当他选择写作的时候,他的文章就写得很漂亮;当他做官的时候,他能做得很好。

我认为各种艺术门类都是一个人精神世界的一部分,种田也是一个人精神世界的一部分。

我选择晴天的时候出去干活,雨天的时候在家里写作,本质上是同一件事情,都是平常过日子的方式,劳动让人更快乐。

何丹:写作本身是个体力活,也是个智力活,在这个过程当中,种田也好,去企业调研也好,都需要到现场亲身体验,去触摸,去感知。

当我去体验的时候,实际上是在建构我对这个事物的认知,建构完成以后,就要开始形成文字,这个时候你又是在解构它。我们可能通过收集材料看了一百万字,观察和采访花了一百个小时,但事实上我们能够运用的部分,需要经过大脑的整理,写出来的可能只有十分之一。

这个时候你把大量的信息解构了,只选取你需要的部分,再进行重构。

我认为写作本身是人类意识活动一个很高级的阶段,虽然说每个人都可以写书,但能不能写好,首先有一个条件,就是你有没有结构的能力,能把信息解构,再重新建构。

通过文字重构一个新的世界,再传递给他人,就是一种精神上的力量。这种力量可能会改变一个人的思维和行动,对他人产生影响,这在现实当中会产生实实在在的结果,所以我们要相信文字的力量。

结构的能力是写作者首先需要培养的一个核心能力。

文字天赋是存在的,大部分人通过大量的阅读和训练是可以达到一定写作水平的,但是结构能力的训练就容易走弯路了。

周华诚:这启发我想到我们现在能训练的能力还在"术"的层面,是技术性的。

我们在讲文学的写作方法,作品的呈现,甚至能写出什么样的作品的时候,我们都在讲"术"。我在鲁迅文学院经常跟同学探讨,我们常常会说"功夫在诗外"。作品能不能上一个境界,考验的不仅仅是"术"的问题,也是"道"的问题。也就是说,你的世界观是怎么样的,你认识事物的方法是怎么样的,或者你通过不断的阅读和训练,所看到的这个世界达到什么程度,每个阶段,写出来的东西都不一样。

好的文学作品,到最后会进入类似宗教的境界,或者说最后会到达一个神性的状态,这个时候对事物状况的认识会不一样。所以说,大师的作品最后比的往往是精神性,也就是认识世界的方式。

有的大师,能写出达到那种很高的境界的作品。比方说王维,我们到现在也能够感受到他一首诗里面的境界,"空山不见人,但闻人语响"。王维进入佛学的境界以后,呈现出来一种空灵的东西,但是如果一个人没有经过训练,他就呈现不出来。

何丹:可以训练。

周华诚:我觉得一方面这是一个训练的过程,所谓"功夫在诗外",说的是写作者可能不是为了文学而训练的,而是为了自己的人生,为了能够在这个世界自处,来训练自己认识世界的方法。

何丹:我很同意这一点。怎么训练,肯定有方法,其实也很简单,首先就是"读万卷书",必须有大量的阅读来积累。

其次就是"行万里路"。"行万里路"不仅是游山玩水,还是体验和经历更多的人和事。你看古人讲这些,都是以"万"为单位的,做到"读万卷书,行万里路",才能达到一个古代士大夫的要求。

刚才讲到世界观、人生观、价值观,都跟阅读量有关系,通过读书,获得的是一种他人的知识,同时知识是可以生长的,读一本书跟读十本书肯定不一样,读十本书和读一百本书肯定也不一样。知识有它的生长逻辑,知识越多,越能融会贯通。

大量阅读之后,怎么把它变成你的能力?写作是知识的迁移,要把知识从你的脑袋里牵引出来,通过重新建构,碾碎了以后重新塑形,成为你能表达的部分。

周华诚:对,阅读是教给你一个认识世界的方法,启发你思考,塑造一个全新的自己,这个很重要。

何丹:阅读也是一种与自己相处的方式。一个人的时候总要干点事,怎么样才能让自己进入一种比较好的状态?

我觉得通过读书,通过写作,会让自己进入一种忘我的状态,而且你会发现自己对那个世界是有掌控度的,你只有在自己的文字王国里才是国王。

好坏是别人对它的定义,至少你在写作过程当中,你会觉得是我手写我心,不用管好与坏,那个时候你是自由的。所以我认为在当下社会,写作是一种可以自我疗愈的方式和过程。

人都是孤独的,写作就是一种倾诉。

刚才提到,我们现在写作的门槛在降低,在降低的过程中,可能有很多噪音,也有文字垃圾。有些人写作是为了钱,有些人是为了权力,虚假的文字都是可以包装和掩饰的。现代工业文明确实给人类创造了很多让表达和沟通更加便利的机会,但同样也会造成内容生产过剩。

周华诚:我觉得这个问题可以从两方面来看。当作者的书稿作为作品的时候,不存在"过剩"一说,因为每个人都在思考,都需要表达。而当作者写出的作品成为出版物,也就是成为商品以后,就存在买方和卖方的问题了。当书这种产品过多的时候,其实无法完全消耗。

大家创造出各种各样的精神产品,这些产品其实有很多种出口,图书这一渠道,我觉得还是少部分人的需求。

何丹:是少部分人的需求。

周华诚:我想在这里插几句,关于一个好的作者在出书前需要做点什么。首先当然是写完作品。只是,在这个"写完"的过程当中,如果有一点"出版思维",将有助于推进整个创作。

我个人的体会,一是要明确这本书是写给谁看的,心里有读者的形象,这个很重要。每个作品,每本书,都有它自己的读者群。这个读者形象,也就是文本的受众,将会陪伴你的整个创作过程。有了这么一个读者形象,就像练武术,有一个人在你对面,或是一个陪跑者,陪伴运动员进行训练。为什么要心里装着读者?这个读者形象不是变幻莫测的,而是越清晰越好。对于一个出版人来说同样如此,这本书给谁看,谁会感兴趣并且购买它,这个读者形象越清晰越好。不要相信"老少咸宜""雅俗共赏"这样的套话,时代已经变了,读者的阅读趣味也发生变化了。

出版思维之所以能推进整个创作,是因为你能想象你的书出版后的样子。它的书名如何,形态如何,颜色如何,都可以想象——在想象当中,你对这本书的把握越来越明了,这就会增加你写作的动力。如果一本书甚至不知道能不能出版,不知道未来有谁会喜欢,写作就会少了很多动力。

所以我经常会去逛书店。我喜欢逛书店,站在一排排的书面前,这个时候思维非常活跃,经常会有新的想法冒出来。

但是很奇怪,经常会有读者来问,市面上这么多书,应该怎么选择。关于这一点,何兄有什么心得?我知道你平时阅读量非常大,也大量买书。

何丹:阅读本身是有方法的,第一是要读经典,第二是根据自己的需要有选择性地阅读。什么叫需要?打个比方,我工作上有需要,专业性的书籍会给你带来工作上的一些启发或者指导,工作上会需要一些资料性的素材。第三就是经常跑书店,书店已经给你摆了好多书在那里,翻一翻你感兴趣的,不感兴趣的就放下,再看下一本。这个时候你也不需要把书全读完,翻翻感兴趣的部分就好了。

世界上这么多书,全部读一遍,几辈子也读不完,要承认人的精力是有限的。人是有限度的,能力有限度,时间也有限度。不要太刻意,非要达到一个很完美的状态,没必要把自己逼上绝路,不妨随性一点。首先要知道,读书就比不读好,没读完也比不读好。不能过于强求,这样会把阅读本身当作负担,那这个事情你就做不下去了,不要把自己弄得那么疲劳。

读书还是有意义的,开卷有益。

写作如何不断跨越障碍

周华诚：写作是终身的劳动，阅读也是终身的快乐。

何丹：我们其实要感谢自己能看书。你想想如果不看书，能干什么？看电视，玩Pad，看手机，这些都是被动的，只有读书是主动的。

阅读和思考所带来的快乐会更持久，当你明白有一种快乐可以达到这种程度的时候，可能一些浅层次的快乐就已经满足不了你了，能阅读是奢侈的。

写作也是终身的快乐。我想知道，你在写作上有没有障碍？

周华诚：我曾经真的有过，很多年前。二十几岁的时候，我在持续写作，有一次半夜里停下来号啕大哭。

我觉得我怎么这么苦,写作好苦,写了半天也没写好,出路到底在哪里,会有这种感受。而且当时我是在清醒的状态下,那一次我的印象非常深刻。

何丹:后来怎么解决?

周华诚:也没办法。那时候我还没有专职写作,还在医院里上班,用很多的业余时间写作,然后我发现所有人都比我写得好,这个时候会有一种悲观和绝望的情绪。

当时我读了很多书,发现有那么多座大山,我怎么比得上?我越不过去。那时候,我连中文系都没读过,心里很悲伤。

何丹:那时候是觉得脑力枯竭了?

周华诚:不是,只是觉得写得不够好,也不够坚定,对自己的人生方向不坚定。

何丹:其实是精神资源不够。

周华诚:对,所以要感谢写作,是写作带给我探索人生意义的方法,正是在写作这个过程当中,我不断地认识自己,认识自己的局限性。

何丹:认识自己,接纳自己。

周华诚:对,写作对我的影响很大。

何丹:认识自己的局限性是一个很有意思的哲学命题。你想想看,很多人不愿意去正视自己的不足,不愿意说自己有哪些缺点。但是你要想想,如果画一个圈,问题都在圈内,圈的外面都不是问题,那是圈内大,还是圈外大?

承认人的局限性,其实是一种智慧。

周华诚:有一种说法,人生有两次重要的成长,第一次是认识到"父亲不是万能的",第二次是认识到"自己不是万能的"。

何丹:这很重要,假如我是甲方,你是乙方,你告诉我你有一二三四五点做不到,我反而安心了,因为你把所有我要注意的风险都告诉我了,我还有什么不安心的?怕就怕你告诉我你什么都能干,那风险在哪里呢?我就有点紧张了。

所以人不要怕露自己的短处,真的不要怕,短处都已经露了,还有什么不能打开呢?还有什么潜力不可释放呢?有时候要变被动为主动。

回到写作,可能第一次痛苦就是你认识到,有巨大的东西你表达不了,无能为力,这个时候其实是蛮绝望的。

周华诚:这是一次成长。我觉得每一个写作的人,都必须跨过这样一道槛。经历了这一次,我知道了,我不用写得那么好,不要跟那些大师去比较,我就写我自己的东西。我过这一天,就干好我这一天的活,我把这一天的田种好了,就很安慰了。

这个时候我就跨越障碍了,这是一次非常重要的跨越,如果我没有跨过去,可能我从此以后就不写了。

何丹:其实谈到写作障碍这个问题,我认为在努力和技巧之外,还有一个很重要的要素,就是精神资源。

可能这一段经历成了你新的精神资源,让你有动力往前走,碰到了这么多座大山,都越过去了,内心就变得很强大了,越不过去就垮掉了,写作这个事情就跟你无缘了。

周华诚:写作让你认识到了自己的局限性,你会思考。看到前面一座山,如果你不前进,就永远碰不到越过它的机会。

何丹:我写第一本书的时候,记得是2012年的国庆节,每天晚上在那里写,十五天写完。那本书原本已经有人写好了,通不过,等于我要全部推翻重写。其中有五天,我一个字都没有写,因为写到四万字的时候,突然人放空了,一看到字就要吐。

周华诚:写伤了。

何丹:每天晚上10点开工,写到凌晨2点,写到四万字的时候,我看到字都要吐了,写不下去,一个字都不想碰。三四天以后才终于恢复了一点,硬着头皮接着写。

当时我就发现写作其实门槛很高,为什么很高?我突然意识到写一万字和写十万字是不一样的,写十万字和写五十万字又是不一样的。

一个成熟的作者,要写一本递进关系、逻辑关系都很强的书,十万字绝对是很难跨越的门槛,但是你只要跨越过去了,就好办了,跨越不过去,就会处于一个心力枯竭的状态。

我相信你也是这样,这是个长期积累的过程。别看有些作者两三个月写完一本书,但实际上这个选题他花了很长时间思考,存在很多投入的隐性时间,前面一定为此做了大量的观察和素材准备,只是在最后的这段时间里集中写出来。

为什么我几天写到四万字,突然精神枯竭了,感到厌烦?因为我想在那么短的时间里,把很多东西一下子完成。你得明白书是时间的产品,你必须一点一滴,一个字一个字地去积累,才会发现原来你碰到的那些人和事是可以跨越过去的。

写作本质上是自己跟自己较劲,是时间之花,时间之果。

周华诚:完全同意。写作的方法就是一个字、一个字地写。

有没有永远受市场欢迎的万能题材

周华诚：有没有永远受市场欢迎的万能题材？没有。我觉得市场和作品之间有一个不完全对等的关系，我们说一本书很受市场欢迎的时候，它不一定是一个非常好的作品。

作品受市场欢迎，可能有方方面面的原因，而且市场也分大众市场和专业领域的市场。有很多大家不知道的好书，只发行一千本或者几百本，所以卖多卖少和书的好坏不能完全画等号。如果是一个世界最顶尖的科学家，他写了一部著作，可能全世界只有五个人能读懂，这并不能否认它的内容是最顶尖的。

我不知道何兄你写了那么多书以后，现在怎么看待写作这件事？

何丹：出版对我人生的意义就跟阅读一样，不仅滋养了我，让我能够与这个世界建立连接，同时也逐步形成了我相对独立的一种人格。写作能够形成出版的成果，也让我形成了自己的闭环，这十年来获得感也比较强。我的追求不是纯粹在物质层面，而是自己获得内心的满足，碰到一些激动人心的人和事的时候，自己能泰然处之。我人生的一个信条就是，"难得从容"。

疫情期间，是不是也正好给你一个时间段停下来，做一些梳理？

周华诚：对，这个时间段，对我刚好也是一个小小的总结，最后呈现出来三本书，"江南三书"系列，包含《春山慢》《寻花帖》《廿四声》。跟你一样，我那段时间特别安静，喝茶，读书，写作，同时也对我二十年来的文学创作做了一个小小的梳理和总结。这套书和之前我所有的书都不一样，出来以后各界的反响还是不错的。

总体上说，这三本书比较全面地反映了我在文学创作上的状态，呈现了一个多姿多彩的样貌。这里有面向历史的，也有关乎自己内心的，也有一些观照社会当下的内容，而且不管是写作的手法，还是呈现出来的精神状态，都是对我散文创作面貌的一个比较完整的呈现。

对我自己来说，这是实现了一个小目标，在这里做了一个小小的总结，但它同时也是一个刻度。这个刻度放在这里,以后我对自己会有更高的要求。

我相信你也是一样的,做出版那么多年以后,在某个地方停下来,转换一个职业角色,开启新的职业生涯,是从这里往更高的地方走。

何丹:你的写作比我更加纯粹一点,我写作和观察的对象比较杂,书也读得很杂,写作的对象也不统一,总体上还是属于商业写作。

周华诚:从大的方向来说,属于社会学的观察,或者叫社会经济观察。

何丹:对,接下来如果我继续写作和出版的话,可能会跟以往不大一样,因为前面的十年,是经济空前繁荣和社会资本金融化的一个过程,在经济领域出现了很多跟以往不一样的现象。但这个高速发展的时代到现在基本上已经结束了,接下来可能更多的会在社会领域有突出的变化。

周华诚:我们刚才说到个人创作和出版面临一个大的变化和转折,其实我们每个人跟这个时代的背景是紧密相连的。

何丹:是的,我们社会有一些突出的现象,已经逐步从经济领域转向了社会领域,我们接下来会在社会领域看到很多跟以往不同的场景,它会是一种颠覆性的重置,会产生很激烈的碰撞。当它反映到个体身上,反映到每个人的精神世界,就是一个人文的问题,这些都是非常值得持续观察和研究的。

周华诚：这段时间关于写作、做书，我们对谈了好多次，既是交流，也是碰撞，是非常美好的。

何丹：我也觉得特别好，对我来说也是从事出版行业以来一次珍贵的梳理和盘点。写作和出版，都是一点一滴地留下印记，回望这些印记是非常有意义的一件事。

周华诚：当然，我们用这种方式，把我们的想法记录下来，整理出来，既是我们自己的一个记录，也希望能对感兴趣的朋友有一点借鉴和启发作用。试想一下，在若干年后，有人能找到这样一本书，是两个热爱写作也热爱出版的朋友专门拿出时间，这样海阔天空地对谈并且记录整理出来的，那将是一件多么激动人心的事情。

何丹：书籍在一定意义上，能够穿越时间和抵抗时间。

后　记

这是一本意外之书。

我与何丹兄同年,都是爱书之人,同是媒体人转型,也都是出版人,自己也坚持创作——只不过术业有专攻,他策划商业类题材的图书多一些,我策划文艺类图书多一些;他从事商业史写作,我从事文学写作。我们常常在一起喝茶聊天,聊来聊去,发现大多跟书有关。譬如他家就是一个大书房,家里堆满了书,办公室也堆满了书。我的书房也是满满当当的。我们的工作自然跟书相关,而业余时间,我们最大的娱乐活动也都是看书。

有一天,我们突发奇想,不如一起来聊聊做出版的酸甜苦辣吧。

于是我们一拍即合。我们的对谈有十多次,每次大半天时间,一聊好几个小时。主题都围绕着书展开。关于书,可聊的东西实在太多。有时闲扯得远一些,有时扣题近一些。总之,这样的对谈并非为了什么任务,所以聊得很愉快,也很有启发性,也经常有火花碰撞出来。

我们请助手滕艺将这些对谈做了整理,于是有了这样一本名为《从写作到出书》的书。

好在,当我们重新打量这些对谈留下的文字时,自忖还是很有一些干货的。事实上,我们两人各自从事创作与出版十几年,策划和推动了数百本图书的出版,其中大部分属于畅销书。跟大部分的出版社编辑不同,我们自己从事创作,又从事图书策划,还兼出版工作,对于从创作到出版的整个链条非常熟悉,能体会写作者的酸甜苦辣,更能理解一本书在历经千辛万苦之后该有的尊严与骄傲。因此,当我在做书的时候,希望每一本书出来都是美的。这种美,是内容与形式的和谐统一,是思想与商业的完美融合,是创作与出版的相互成全。

做书的过程,也使我更坚定了自己多年来的理想——各美其美,美美与共。

感谢本书中提到的作为案例的每一本书,因为这些书，我们收获了美好的友情，开启了良好的互动，建立了深层次的联系。我们相信，每一本书都是一座桥梁。因书结缘，大概是世间最纯洁美好的关系之一。

感谢蓝狮子、美屿文化、稻田文化的小伙伴们。因为热爱，所以坚定。

这本书的出版，希望对正在写作和准备出版自己的书的朋友们有所助益。限于个人认知及对谈的随意性，书中很多观点不一定正确，权且聊备一说，也希望能抛砖引玉，请方家和读者多多指正。在我们自己看来，这本小书，也不过是两位爱书人的日常闲话而已。

周华诚

2021 年 10 月